Sumário

ARNOLD A. LAZARUS E
CLIFFORD N. LAZARUS

De bem com a vida

Dicas práticas para se livrar do estresse e da ansiedade e adotar uma maneira de pensar mais positiva

SEXTANTE

Título original: *The 60-Second Shrink*

TRADUÇÃO: Marcia Oliveira

PREPARO DE ORIGINAIS: Débora Chaves

REVISÃO: Lara Alves, Sérgio Bellinello Soares e Tereza da Rocha

DIAGRAMAÇÃO: Marcia Raed

CAPA E ILUSTRAÇÃO DA CAPA: Silvana Mattievich

PRÉ-IMPRESSÃO: ô de casa

IMPRESSÃO E ACABAMENTO: Bartira Gráfica e Editora S/A

CIP-BRASIL. CATALOGAÇÃO-NA-FONTE
SINDICATO NACIONAL DOS EDITORES DE LIVROS, RJ

L46d

Lazarus, Arnold A., 1932-
De bem com a vida: dicas práticas para se livrar do estresse e da ansiedade e adotar uma maneira de pensar mais positiva / Arnold A. Lazarus e Clifford N. Lazarus [tradução de Marcia Oliveira]. – Rio de Janeiro: Sextante, 2008.

Tradução de: *The 60-second shrink*
ISBN 978-85-7542-353-0

1. Conduta. 2. Saúde mental – Obras populares. 3. Qualidade de vida. 4. Bem-estar. 5. Stress (Psicologia) – Prevenção. I. Lazarus, Clifford N., 1961-. II. Título.

CDD: 158.1
07-4738 CDU: 159.947

GMT Editores Ltda.
Rua Voluntários da Pátria, 45 – Gr. 1.404 – Botafogo
22270-000 – Rio de Janeiro – RJ
Tel.: (21) 2286-9944 – Fax: (21) 2286-9244
E-mail: atendimento@esextante.com.br
www.sextante.com.br

Introdução

Apresentávamos um programa de rádio semanal sobre saúde mental, quando fomos convidados a fazer uma versão diária para o noticiário da tarde.

A idéia de poder oferecer dicas de saúde mental e de destacar outros aspectos da psicologia e da psiquiatria para o grande público era sedutora. O problema é que o programa semanal não necessitava de uma grande produção (principalmente quando o convidado era eloqüente e os ouvintes levantavam questões interessantes), mas a versão diária exigia um roteiro mais elaborado. A pesquisa de temas, dicas e exemplos, mais as gravações no estúdio da rádio, nos tomava bastante tempo. Quando amigos e ouvintes sugeriram que publicássemos o material, decidimos que valia a pena ir adiante.

Gostamos de livros em que se pode escolher o que se quer ler. Em *De bem com a vida,* você pode percorrer os capítulos e ler somente as partes que lhe interessarem. Os comentários são curtos e objetivos e servem de base para a reflexão. Chegamos a pensar em cortar os assuntos repetidos, mas chegamos à conclusão de que, ao enfatizar esses temas, eles acabariam exercendo um impacto maior.

Somos muito gratos a Susan Krieger, que gentilmente leu todo o manuscrito e nos deu valiosas sugestões. Esperamos sinceramente que o conteúdo deste pequeno livro seja instrutivo e útil e que nos ajude a alcançar um público cada vez mais amplo.

Estratégias para ficar de bem com a vida

O que dizer quando falar com você mesmo

Charlene era muito dura consigo mesma e vivia se colocando para baixo. Embora nem lhe passasse pela cabeça agredir verbalmente ou criticar os outros, achava perfeitamente aceitável tratar a si mesma dessa maneira. Apesar de ter uma boa imagem e ser querida pelas pessoas, Charlene não entendia por que se sentia infeliz a maior parte do tempo e sofria com uma baixa auto-estima.

Nós falamos com nós mesmos quase ininterruptamente. Essa conversa se dá silenciosamente, é claro, na privacidade da mente.

Da mesma forma que as declarações feitas pelas outras pessoas, nossas conversas interiores podem nos afetar de maneira muito intensa. Infelizmente, muitas pessoas dificultam a própria vida ao agir de forma dura e indelicada com elas mesmas, talvez porque seus pais ou professores tenham sido muito rigorosos em suas críticas, levando-as a acreditarem em coisas negativas a respeito delas. E você? Será que sua autocrítica também é exacerbada?

Muita gente acha que a conversa interior consiste basicamente em se autocriticar: "Sou burro", "Sou egoísta", "Pareço um idiota quando falo", "Sempre acabo dizendo a coisa errada" e "Não passo de um fracasso total". E esse comportamento tende a piorar. Tivemos pacientes cuja principal automensagem era: "Você é um idiota completo, um incompetente; portanto, não merece ser feliz."

Tratar a si mesmo de forma negativa geralmente leva à ansiedade e à depressão, entre outros efeitos nocivos. Profecias auto-realizáveis também são bastante comuns: você passa a acreditar em sua própria propaganda e torna real aquilo que teme.

Felizmente, o oposto também é verdadeiro. Manter uma conversa interior positiva produz resultados benéficos e gera sentimentos generosos. Diante de uma situação difícil, Helena diz: "É impossível, não consigo suportar isso!", enquanto Glenda fala: "Não há razão para se preocupar. Vou resolvendo aos poucos, uma coisa de cada vez. No fim, tudo vai dar certo." É óbvia a diferença de atitude. Glenda possui muito mais chances de ser bem-sucedida graças à sua postura otimista.

Será que ajuda mudar o que dizemos para nós mesmos? Certamente que sim. Repita para você mesmo que vai falhar e é quase certo que isso aconteça. Se, ao contrário, você repetir que será bem-sucedido, vai aumentar suas chances de realização e satisfação.

- **Fale para si mesmo sobre os sucessos do passado, as ocasiões em que se saiu bem, superou obstáculos e se sentiu bem.**

Da mesma forma que se sentiu bem nessas ocasiões, você pode se sentir agora. E, assim como superou as adversidades em outras situações, pode fazê-lo novamente.

É provável que a maioria das pessoas bem-sucedidas tenha falhado mais vezes que as demais, pois se arriscou mais. Abraham Lincoln fracassou duas vezes nos negócios e perdeu sete eleições, mas continuou acreditando em si mesmo e no que desejava fazer.

Pessoas bem-sucedidas:

- **Não se concentram nas derrotas (não há nenhuma vantagem em fazê-lo).**
- **Encaram os erros como experiências de aprendizado para o crescimento e o entendimento.**
- **Não perdem tempo se recriminando.**

Lembre-se de que a diferença entre o tolo e o sábio não é que o sábio não comete erros. Na verdade, ele aprende com os erros, em vez de se considerar um idiota por cometê-los.

A moral da história é:

"Diga para si mesmo o que gostaria que os outros dissessem."

O poder da visualização

Roberto e Francisco são bons amigos há muitos anos, desde que começaram a trabalhar em uma grande empresa. Ambos se interessaram por golfe e passaram a jogar juntos. Com o passar dos anos, Francisco foi promovido mais vezes que Roberto e, coincidentemente, também aperfeiçoou suas tacadas mais rapidamente que o amigo. Quando Roberto perguntou a Francisco a que ele atribuía seu sucesso, ele respondeu em uma palavra: "Visualização."

Nem todo mundo consegue imaginar cenas e acontecimentos com a clareza de fotografias, porém todos nós possuímos a capacidade de criar imagens com variados graus de clareza. Por exemplo, se alguém lhe perguntar quantas janelas tem sua casa, você certamente criará uma imagem mental de modo a contar o número de janelas.

Todos já ouvimos falar sobre a força do pensamento positivo, mas o poder da visualização positiva é ainda maior. Na maioria dos casos, antes mesmo de conseguirmos realizar alguma coisa, precisamos ser capazes de nos imaginar em plena ação.

Suponhamos que você deseja pedir um aumento ao seu chefe. Será que consegue se ver fazendo o pedido? Se a resposta for não – "Não consigo me imaginar fazendo isso" –, é provável que essa situação não aconteça e você continue com o mesmo salário.

Por outro lado, se você consegue visualizar a cena em que expõe suas razões e solicita um aumento com calma e firmeza, é provável que você venha a fazer isso realmente.

Vários atletas visualizam seus movimentos, como se fossem parte de uma coreografia, antes de uma competição. Tenistas profissionais se imaginam dando saques perfeitos e bailarinas e ginastas praticam seus movimentos mentalmente tantas vezes quanto os ensaiam de verdade.

- **Se você realmente deseja ser bem-sucedido em algo, imagine-se como uma pessoa de sucesso muitas e muitas vezes.**

Obviamente, estamos falando de visualizar o sucesso que se encontra ao seu alcance. Você não conseguirá realizar o impossível, por mais que se imagine conseguindo fazê-lo.

- **Imagine-se lidando bem com situações difíceis, resolvendo os problemas, lutando, às vezes com dificuldades, mas sempre conseguindo superar os contratempos e sendo bem-sucedido.**

Repetir o exercício pode ampliar as suas chances de sucesso em diversas situações. O que estamos recomendando é que você *sonhe acordado de forma estruturada*. Experimente e veja a diferença que isso fará em sua vida.

Reprogramando sua mente

Durante quase toda a sua vida adulta, George foi uma pessoa infeliz e ansiosa. Um dia sua irmã mais nova, Jennie, sugeriu que procurasse ajuda profissional. Ela confessou ter feito terapia alguns anos antes e que isso tinha sido de grande ajuda para ela. "Ah, para que me dar ao trabalho? Quando você buscou ajuda ainda era jovem e podia se beneficiar da terapia. Estou velho demais e cheio de manias. Não vou mais conseguir mudar."

A maioria das pessoas parte do princípio de que não há muito o que fazer em relação à mente. Se ela nos mostra imagens depressivas ou se nos enreda em pensamentos desencorajadores, entramos em depressão.

Se a sua mente continua se concentrando em inadequações e erros, você se sentirá mal e impotente. Se você ficar repetindo que não é capaz de fazer nada, que não tem conhecimento algum, vai acabar acreditando nessa "verdade".

Na realidade, podemos mudar e controlar nossa imaginação e nossos pensamentos. As pessoas costumam dizer: "Eu sou assim." Não é verdade. Tudo depende de quem está no comando.

A mente faz o que é programada para fazer. Se você foi menosprezado quando criança, é provável que sua mente tenha registrado todas essas humilhações e as reviva sempre que surgir uma oportunidade.

Por exemplo, se você teve uma experiência ruim com matemática, sua mente pode ter decidido mantê-lo longe de qualquer coisa que tenha a ver com números. E aqui está você, 10, 20, 30 anos depois, ainda dizendo para si mesmo que não se dá bem com números e tornando impossível uma tentativa. Boa parte da programação negativa da mente consiste em limitações auto-impostas como essa, que nos impedem de exercer nosso potencial.

Mas você não precisa ficar preso ao modo como sua mente foi programada.

- **Você pode programar sua mente e controlar o que ela cria.**

Existem vários métodos de treinamento mental que exercitam a mente para que possamos obter o que desejamos. Entre eles, a prática mental, a visualização, a imaginação guiada, a auto-hipnose e o ensaio imaginário.

Uma das mais eficazes técnicas de treinamento mental dos atletas é:

- **Imaginar-se alcançando algo que é realmente importante. Criar essa imagem com nitidez e de modo repetitivo aumenta as chances de que tal coisa aconteça com e para você.**

Outro método poderoso de reprogramação da mente é:

- **Conversar com seus pensamentos negativos e com suas declarações pessimistas como se eles fossem crianças malcriadas.**

Portanto, na próxima vez que você se menosprezar com declarações do tipo "Sou um idiota" ou "Sou um fraco", mude imediatamente de atitude e diga: "Pare de usar essas palavras. Comporte-se." Você pode ter uma grata surpresa.

Alcançando o equilíbrio mental

As amigas de Marly a descrevem como uma pessoa de personalidade negativa. "Ela é ótima para ver o lado ruim das coisas, mas nem sempre consegue perceber os aspectos positivos de suas experiências", observaram. Uma delas chegou a classificar Marly como alguém cuja mente tende sempre para um lado só e questionou se haveria uma maneira de ela alcançar o equilíbrio.

A comparação pode parecer exagerada, mas a verdade é que o cérebro pode ser exercitado como um músculo. Da mesma forma que os músculos crescem e se fortalecem ao serem usados, o cérebro se desenvolve e muda por meio do uso e do esforço mental.

Imagine o que aconteceria se um halterofilista levantasse muito mais peso com o braço direito, negligenciando o esquerdo. Decorrido algum tempo, o braço direito se tornaria consideravelmente mais firme, maior e mais forte que o esquerdo.

Uma vez que a assimetria muscular tenha sido estabelecida, para restabelecer o equilíbrio do corpo o halterofilista precisaria exercitar bem mais o braço esquerdo do que o direito, caso contrário a desproporção nunca desapareceria. Assim, para cada repetição que fizesse com o braço direito, ele teria de fazer duas, três ou mais séries com o esquerdo.

Os exercícios cerebrais são, essencialmente, pensar, visualizar e realizar uma série de atividades mentais que estimulam determinadas áreas e as mantêm em funcionamento. Estudos recentes sugerem que certos pensamentos são controlados por estruturas cerebrais bastante específicas e que tais estruturas se desenvolvem e se fortalecem com o uso.

Se alguém tem pensamentos negativos que provocam ansiedade e depressão, além de outras idéias psicologicamente estressantes, é provável que as áreas que controlam essas ações mentais se fortaleçam em função do uso, o que aumenta a probabilidade de que tais pensamentos indesejáveis surjam com mais intensidade e com maior freqüência. Diferentes áreas do cérebro estão relacionadas a padrões de pensamento positivos ou neutros e também podem ser fortalecidas pelo uso.

Se você acha que tem exercitado demais os "músculos cerebrais" de forma negativa, trate de mudar o seu comportamento:

- **Para maior equilíbrio mental, fortaleça as áreas mentais positivas.**
- **Para cada visualização ou idéia negativa que surgir, procure pensar de forma positiva ou neutra.**

Cada vez que você se flagrar fazendo uma afirmação negativa, ou pensando de forma pessimista, direcione imediatamente sua atenção para idéias alegres e otimistas. Com o tempo, esse exercício o ajudará a equilibrar as energias mentais e você desfrutará dos benefícios disso.

Exercitando o cérebro

Marly, que conhecemos no capítulo anterior, não sabe, mas poderia empregar vários métodos específicos para melhorar sua percepção das coisas. Quando uma amiga lhe sugeriu algumas opções, ela declarou: "Estou satisfeita com o meu jeito de ser. Além disso, é difícil mudar. E daí que os outros se preocupam?"

Marly está certa quanto a um aspecto: é preciso se esforçar para obter o equilíbrio mental, da mesma forma que é necessário se exercitar com regularidade para conseguir e manter um corpo saudável. A boa notícia é que existem alguns métodos práticos e de fácil implementação.

Pesquisas indicam que a boa forma física e a saúde mental andam de mãos dadas. Os benefícios das atividades físicas para o sistema cardiovascular, por exemplo, também ajudam a prevenir mudanças degenerativas no cérebro. Mas, falando especificamente sobre como exercitar o cérebro, é bom esclarecer que a essência do poder mental é o movimento.

Exercitada regularmente, a mente torna-se mais alerta e ágil, adiando o processo de envelhecimento. Já existem indícios de que aqueles que estimulam e desafiam sua capacidade intelectual até uma idade avançada, mantendo-se mentalmente ativos, têm uma incidência menor de distúrbios de memória, incluindo a doença de Alzheimer.

Sempre que aprendemos algo novo, ainda que se trate de uma simples palavra, a qualidade de nossas terminações nervosas sofre alterações e a transmissão de impulsos nervosos é intensificada.

Todo mundo já ouviu dizer que ao longo da vida nós usamos apenas uma pequena parte do potencial do nosso cérebro. Há evidências ainda de que os neurônios têm a capacidade de transformar e adaptar sua estrutura e função em resposta às exigências internas e externas do organismo. Isso é denominado *neuroplasticidade*.

Existem tantos programas de treinamento para o cérebro quanto para o corpo. Entre os mais comuns estão o estudo de idiomas, os jogos mentais e a prática da escultura e da pintura. Mas há também diversas maneiras informais e cotidianas de exercitar a mente.

- **Na próxima vez em que estiver na fila do supermercado, examine o ambiente ao seu redor, concentrando-se nas pessoas e nos objetos que estão dentro do seu campo de visão.**
- **Ao entrar em uma sala de reunião, repare no número de pessoas, nas roupas que estão vestindo e no posicionamento dos objetos.**
- **Anote cada detalhe que conseguir lembrar sobre um evento de que tenha participado alguns dias antes.**
- **Jogos e passatempos como cartas, xadrez, damas e palavras cruzadas mantêm o cérebro ativo.**

- **O cérebro responde à atividade física. Por isso, movimente o corpo, pratique exercícios, alongue-se, faça caminhadas.**

Uma última dica: trabalho monótono e repetitivo não é um bom exercício para a mente. Busque variedade e estímulo.

Abandonando os maus hábitos

Constanza percebeu que estava arrancando fios de cabelo novamente. Tinha feito isso por quase toda a vida, porém, nos últimos meses, conscientizou-se de que seu cabelo estava diminuindo de volume. Sabia que precisava parar. Mas como romperia um hábito de mais de 15 anos? Hugo, por sua vez, gostaria de parar de roer as unhas. "Não consigo me livrar desse hábito irritante", diz ele. Infelizmente foi se consultar com um terapeuta que afirmou ser necessário descobrir os motivos inconscientes que o levavam a agir dessa forma. Hugo perdeu tempo e dinheiro.

Muitas pessoas desenvolvem hábitos simples, porém incômodos, como roer unhas, arrancar fios de cabelo e estalar os dedos, e têm dificuldade em abandoná-los.

A técnica conhecida como *reversão de hábito* geralmente é eficaz quando o objetivo é acabar com comportamentos inconvenientes. Constanza e Hugo, por exemplo, poderiam aplicar os cinco passos dessa técnica e se livrar de suas manias.

- **Admita que o hábito é um impulso forte ou persistente que não se origina de problemas psicológicos mais profundos.**

Infelizmente, ainda há muitos profissionais da área de saúde mental que afirmam haver, inevitavelmente, significados mais profundos por trás de hábitos simples. Eles defendem a necessidade de revelar e tratar esse processo subjacente para que seja possível interromper esses hábitos com sucesso. Pesquisas recentes mostram que isso não corresponde à realidade.

- **Mantenha registros precisos de seus impulsos e enumere as vezes que você sucumbiu a eles.**

Já foi demonstrado que o processo de contar e registrar eventos proporciona uma sensação de controle sobre o hábito inconveniente.

- **Conheça profundamente a rede de acontecimentos que o leva a comportar-se de modo indesejado.**

Você pode descobrir, por exemplo, que sentir tédio, ver televisão, falar ao telefone, dirigir e executar outras tarefas do dia-a-dia que exigem pouca concentração ativam o hábito que você deseja abandonar.

- **Desenvolva técnicas de relaxamento para combater seus impulsos.**

Sempre que você perceber o desejo de ceder ao hábito, uma boa idéia é sentar-se, ou deitar-se, e começar a respirar lentamente, de forma ritmada, para liberar a tensão.

- **Adote uma atitude incompatível com o comportamento indesejado.**

Escove os dentes em vez de comer um biscoito; faça carinho no gato em vez de torcer ou arrancar fios de cabelo; faça algum trabalho manual (jardinagem, desenho, tricô) em vez de roer as unhas ou estalar os dedos. Se você realmente deseja largar os maus hábitos, esse método de cinco passos é uma solução eficiente.

Usando um termômetro emocional

Roberta era uma pessoa estourada, o tipo que perdia a cabeça por qualquer coisa. Era também hipersensível e costumava reagir de maneira exagerada na maioria das situações. Um parente próximo comentou: "Praticamente tudo com a Roberta é superlativo. Em uma escala de 0 a 10, ela sempre chega a 11."

Às vezes, um método aparentemente simples leva as pessoas que têm o costume de exagerar a reagirem de um modo mais adequado.

As pessoas tendem a aumentar seus problemas, o que resulta em tristeza, ansiedade e aborrecimentos desnecessários.

Como nós provocamos inquietação em nós mesmos? Sobretudo reagindo de maneira despropositada. Em vez de reconhecer que determinada situação não passa de algo desagradável, irritante ou frustrante, e reagir de acordo, nós costumamos superestimar o fato e isso nos faz sentir péssimos.

Roberta cita um exemplo típico. Seus sogros foram jantar em sua casa e sua sogra comentou que o purê de batata estava empelotado. Embora a crítica fosse destrutiva, não deveria ter causado mais do que uma leve irritação em Roberta. No entanto, ela se sentiu terrivelmente magoada e insultada.

Nesses casos, recomendamos que você:

- **Use um "termômetro emocional", com uma escala de 0 a 10.**

Os números mais baixos significam que tudo está indo bem, sem qualquer tensão significativa. Os mais altos já denotam algo ameaçador e catastrófico.

Quantos pontos, então, se deve atribuir ao comentário da sogra de Roberta? Certamente não mais que 5, mas Roberta parece tê-lo avaliado em 9,5. Da mesma forma, quando seu filho de seis anos foi punido por falar palavrões na sala de aula, Roberta atribuiu ao acontecimento uma nota entre 6 e 7. Se ela fosse nossa paciente, nós a teríamos estimulado a refletir melhor antes de reagir de forma despropositada.

O processo é simples, porém bastante eficiente:

- **Sempre que algo o deixar aborrecido, pergunte a si mesmo qual é o número lógico a ser atribuído no termômetro emocional.**

Pergunte a si mesmo se a intensidade do seu sentimento é 1, mais de 2 ou 3 ou tão forte que mereça um 6 ou 7 na escala emocional.

Certa vez um de nossos pacientes declarou: "Aprendi a me perguntar, sempre que fico zangado ou preocupado, se estou reagindo de modo normal ou exagerado. Isso me ajuda a chegar a um número racional e esse processo acaba mudando meus sentimentos porque, em geral, o número é mais baixo do que eu tinha inicialmente imaginado."

Rotular as coisas e pessoas é sempre um problema. É comum as pessoas chamarem algo de detestável, péssimo ou terrível quando não passa de um incidente inconveniente. "Seu sentimento deve estar de acordo com o que você pensa", diz o ditado.

Na próxima vez que você se afligir com alguma coisa, mude sua atitude:

- **Procure classificar corretamente seu termômetro emocional; isso o deixará menos aflito.**

A força da imaginação

Leonardo tinha um emprego que exigia muito dele
e o deixava permanentemente estressado.
Ao descobrir que estava com a pressão muito alta,
conversou com um amigo que lhe contou sobre um método
de visualização mental que aprendera com um psicólogo.
Sua reação inicial foi considerar o método ridículo,
mas resolveu fazer uma tentativa.
O resultado foi plenamente satisfatório.

Pessoas que conseguem usar a sua imaginação possuem um dom que pode ser de grande utilidade em diversas circunstâncias. Um dos métodos mais eficientes é:

- **Imaginar um ambiente especial, criado de acordo com a sua imaginação no que se refere a tamanho, disposição, móveis e cores.**

Esse lugar exclusivo e particular funcionará como uma espécie de refúgio para você visitar sempre que desejar. Um ambiente para você recarregar as baterias, curar as feridas, recompor-se, refletir ou fazer qualquer outra coisa.

O processo de visualização é simples: fique o mais confortável possível, relaxe, feche os olhos e permita que sua mente crie, do seu jeito e no seu ritmo, a imagem de um lugar muito especial. Você pode imaginar uma sala segura e reservada, à qual ninguém mais tenha acesso, decorada com o estilo de sua escolha. A melhor parte é que você pode ir para lá sempre que quiser.

Leve o tempo que precisar... Quando o lugar estiver completo, imagine-se andando pela sala... Olhe pela janela, se houver uma, e perceba os cheiros, os sons... Avalie se esse espaço é tudo o que você sempre sonhou. Lembre-se de que o poder da mente é ilimitado e faça as modificações que desejar para deixar seu refúgio exatamente do jeito que você sempre desejou.

Nessa sala imaginária você pode ser você mesmo, entrar em contato com seus recursos internos, conscientizar-se de seus pontos fortes e sentimentos positivos, determinar o que é melhor para você, planejar as mudanças que pretende colocar em prática... Enfim, pode fazer qualquer coisa que tenha vontade naquele momento.

• Visite o seu refúgio com freqüência.

Quanto mais você praticar esse processo de vizualização, mais rapidamente conseguirá completá-lo. Mesmo pequenas visitas de 10 minutos podem ser extremamente reconfortantes e energizantes.

Após cada sessão de visualização, você se sentirá alerta, pleno, renovado e preparado para fazer o que tiver de fazer. É como se costuma dizer: "Não importa para onde você vá, lá você estará." Ao criar seu próprio santuário imaginário, independentemente de onde você esteja fisicamente, existirá sempre um lugar emocionalmente seguro para ir.

Aplicando técnicas paradoxais

Carlos não sabia mais o que fazer. Sua sogra lhe dava conselhos indesejados sob a forma de ataques pessoais. De vez em quando ele a confrontava, mas isso só piorava as coisas. "O que eu faço para essa mulher largar do meu pé?", ele perguntava. Quando Carlos tomou conhecimento das técnicas paradoxais, conseguiu pôr fim às ofensas da sogra.

Uma das mais importantes descobertas da psicologia é que podemos corrigir ou melhorar comportamentos, pensamentos e sentimentos ao fazê-los piorar.

Em vez de reagir *negativamente* a comportamentos destrutivos e irracionais ("Pare com isso. Chega. Não gostamos disso."), dê respostas positivas ("Isso é maravilhoso, por que não repetimos?").

Um exemplo que ilustra bem esse conceito é o caso de uma garotinha de cinco anos que chupava o dedo. Os pais conseguiram fazê-la perder esse hábito incentivando-a a chupar cada vez mais o dedo, insistindo que não o tirasse da boca.

O Dr. Knight Dunlap foi um dos primeiros psicólogos a relatar a cura de uma variedade de hábitos indesejáveis (como gaguejar, roer unhas e tiques) por meio da intensificação deliberada dos hábitos em questão.

Da mesma forma, o famoso psiquiatra Dr. Victor Frankl começou a usar uma técnica que ele batizou de "intenção paradoxal" – uma tentativa deliberada de fazer algo que você não deseja. Dessa forma, ele ajudou as pessoas a controlarem uma série de problemas.

Quando usada corretamente, a técnica conhecida como "psicologia inversa" coloca um ponto final nos jogos e testes que as pessoas impõem umas às outras.

Um psicólogo especialista no uso dessa técnica certa vez expôs, em uma festa, um ponto de vista considerado antipático e alguém lhe disse: "Você é mesmo um idiota." Em vez de se ofender, ele respondeu: "Eu sei, sou tremendamente idiota. Meu nível de idiotice nem é mensurável. O que eu posso fazer?" O homem que o insultou ficou sem fala e todos riram da situação.

Qual é a diferença entre "comunicação paradoxal" e "sarcasmo"? O sarcasmo é a hostilidade disfarçada de humor. Tem a intenção de ferir e, em geral, é amargo e cáustico. Já a declaração paradoxal tem o objetivo de ressaltar o absurdo de algum comentário ou comportamento desnecessário. Declarações sarcásticas são ácidas e agressivas; comentários paradoxais são bem-humorados.

Estimulando os cinco sentidos

Sérgio foi descrito como alguém que vive "no mundo da Lua". Parecia se concentrar em questões intelectuais abstratas, deixando de perceber todo o resto. Ele admitiu que não gostava especialmente de comida, sexo ou música, nem de encontrar pessoas, o que o isolava dos maiores prazeres da vida.

Embora Sérgio seja um caso extremo, a verdade é que todos nós podemos ter uma vida mais divertida e prazerosa. Como? Estimulando os sentidos. A maior parte das pessoas não tem contato com as delícias sensoriais, sobretudo porque são tão bombardeadas de informações, imagens, sons e outras sensações que acabam desenvolvendo uma espécie de torpor.

Quem tem tempo para relaxar e aproveitar os prazeres de um belo pôr-do-sol, de um céu estrelado, de uma música comovente, de uma refeição digna de Epicuro, de uma boa massagem ou de um maravilhoso jardim perfumado?

A maioria dos estímulos que fazem a vida valer a pena origina-se dos cinco sentidos: visão, audição, tato, olfato e paladar.

- **Quanto mais desenvolvemos e prestamos atenção às nossas sensações, maior o nosso potencial para aproveitar a vida.**

É significativo que a abordagem de Albert Einstein em relação ao aprendizado enfatize o uso e a integração de todos os sentidos. Existem estudos mostrando que as atividades que estimulam os sentidos expandem certas células nervosas cerebrais.

Há um ditado que diz: "Procure agradar aos olhos." Mais da metade dos receptores sensoriais do corpo estão agrupados na região dos olhos.

- **Tenha como meta desfrutar os prazeres da natureza: o céu, as árvores, as flores, o mar ou qualquer outra coisa que goste de olhar.**
- **Procure estimular todos os sentidos.**

Busque aromas agradáveis como o de uma torta de maçã assando, do café sendo moído, do perfume de flores, das ervas e dos óleos aromáticos de lavanda, menta, rosa, baunilha, laranja etc.

- **Ouça suas músicas preferidas. Elas aliviam tensões e nervosismos.**

Você também pode ativar o tato com as seguintes atitudes:

- **Abrace aqueles que você ama.**
- **Perceba as diferentes texturas.**
- **Mime seu animal de estimação.**
- **Faça ou receba uma massagem nas costas.**
- **Relaxe em uma banheira de hidromassagem.**
- **Tome uma chuveirada refrescante.**

E não engula correndo a comida.

- **Certifique-se de saborear os alimentos.**

Prestar atenção aos cinco sentidos proporciona uma série de benefícios físicos e mentais.

Resolvendo os problemas

Eric tinha a tendência de sentir pena de si mesmo. "Tenho tantos problemas que não sei nem por onde começar." Na verdade, as dificuldades de Eric não eram maiores do que as da maioria das pessoas, mas como ele não tinha feito nada para solucioná-las sentia-se encurralado. Ele aprendeu então um método de resolução de problemas e também como se concentrar na busca de soluções. A partir daí as coisas começaram a mudar para melhor.

Os problemas são inevitáveis. Alguns são simples, fáceis de resolver e não exigem muito planejamento. Outros são complexos, multifacetados e não permitem soluções rápidas. O impressionante é que não faz diferença o grau de escolaridade e cultura dos envolvidos, pois poucas pessoas conhecem estratégias realmente eficazes para resolver problemas, principalmente quando se trata de questões cotidianas, ligadas ao convívio social e aos relacionamentos.

Seja qual for a natureza ou a complexidade do problema, propomos novamente um método de quatro passos que quase sempre leva a uma solução favorável.

- **Definir o problema da forma mais específica e concreta possível:** "O que exatamente está me incomodando?"

- **Pensar no maior número possível de soluções.** Procure gerar uma grande quantidade de possíveis soluções, sem se preocupar com o seu mérito ou qualidade. A idéia é apostar na quantidade para atingir uma certa qualidade. Portanto, vale qualquer sugestão, mesmo que pareça ridícula à primeira vista.

- **Avaliar as várias soluções segundo seu mérito e utilidade.** Analise os prós e contras de cada opção. O mais provável é que, uma vez identificadas as vantagens e desvantagens, surja a solução mais adequada.

- **Verificar a eficácia da solução escolhida.** Se funcionar, acaba o problema. Se o resultado não for satisfatório, volte ao terceiro passo e coloque em prática a segunda melhor solução que havia imaginado. Se isso também não der certo, refaça o segundo passo e imagine novas saídas. Caso seja necessário, comece tudo do zero, redefinindo o problema.

Meditação – Parte I

Quando aconselharam Irwin a aprender a meditar para lidar melhor com o estresse, ele fez pouco caso. "Nunca me senti à vontade na posição de lótus", comentou com ironia. Em sua opinião, só quem nasceu na Índia consegue tirar proveito dessa técnica. Lamentavelmente, o preconceito de Irwin o impediu de desfrutar de um importante método que tem ajudado milhões de pessoas.

A meditação engloba vários métodos de concentração mental e física que levam à diminuição da tensão e da ansiedade, bem como ao aumento da satisfação e da tolerância às frustrações. A maioria das técnicas de meditação é bastante antiga e relacionada à filosofia oriental e aos ensinamentos de diversos gurus indianos.

Uma das mais conhecidas é a meditação transcendental do guru indiano Maharishi Mahesh Yogi. Maharishi começou a ensinar a técnica na Índia na década de 1950 e, posteriormente, a disseminou em todo o mundo. A meditação transcendental se tornou popular nos Estados Unidos entre o final dos anos 1960 e o início dos anos 1970. Todo mundo parecia interessado em "liberar seus potenciais ocultos".

Muitos praticantes fizeram declarações exageradas sobre seus méritos, sugerindo que a meditação transcendental aumentava o QI, eliminava a necessidade de dormir e curava problemas psicológicos. Além disso, eles a cercaram de mistérios e de um intenso misticismo. Tirando o sensacionalismo sem fundamento, é fato que as técnicas de concentração, de forma geral, possuem efeitos benéficos para a saúde física e mental.

Trata-se de um processo natural, talvez o "quarto estado da consciência", totalmente distinto de acordar, dormir e sonhar. Meditar não requer nenhum controle físico nem mental, muito menos mudança no estilo de vida ou na maneira de pensar. Tampouco envolve hipnose ou manipulação.

Os métodos de meditação geram um estado hipometabólico durante o qual a atividade do sistema nervoso autônomo é reduzida. Conseqüentemente, os batimentos cardíacos desaceleram, a pressão sangüínea diminui e a respiração se torna mais eficiente, o que resulta em uma série de efeitos psicológicos positivos como a diminuição dos níveis de preocupação e ansiedade e o aumento do bem-estar emocional.

Meditação – Parte 2

Terry entrou no escritório, apresentou-se à secretária e sentou-se para esperar a hora que havia marcado com o chefe. Enquanto aguardava, fechou os olhos e usou um método rápido de meditação que havia aprendido. Em menos de um minuto ele se sentiu calmo e bem preparado para a reunião.

Então, como se medita? Basicamente, da seguinte forma:

- **Encontre uma posição confortável e relaxante.** Pode ser sentado, recostado ou deitado – o importante é ficar confortável.

- **Respire profunda e uniformemente.** Em vez de expandir o peito, deixe a barriga inflar ao inalar e murchar ao exalar. Deixe o ar fluir para dentro e para fora com o mínimo de esforço. Mantenha um ritmo de respiração confortável.

- **Pensar em uma palavra de som neutro e agradável, de preferência com duas sílabas.**

Qualquer palavra serve, contanto que não o leve a nenhuma associação negativa ou perturbadora. É o que se chama de *mantra* e é nisso que a pessoa deve se concentrar durante a meditação.

Vamos usar a palavra "relax" como exemplo. Quando estiver confortavelmente instalado e respirando com facilidade:

- **Repita mentalmente a primeira sílaba ("re") ao inalar.**
- **Ao exalar, pense na segunda sílaba ("lax").**

O mantra é entoado silenciosamente ao longo de todo o processo de inspiração/expiração.

Quando estiver relaxando, concentre-se na entoação rítmica do mantra em harmonia com sua respiração.

- **Deixe os pensamentos e imagens mentais fluírem por sua consciência. Não rejeite nenhum pensamento ou imagem em particular.**

Simplesmente deixe a mente livre e sem qualquer interferência consciente. Tente fazer isso por, no mínimo, 10 minutos.

Se você perceber que parou de entoar o mantra, recomece. Pense: "reeee-laaaax", no ritmo da respiração.

Algumas pessoas preferem praticar meditações rápidas, de três a cinco minutos, várias vezes ao dia. É preciso experimentar para descobrir o que é melhor para você.

Métodos rápidos de relaxamento

Carlos costuma ser descrito como "tenso". De fato era tão nervoso que sofria com uma dor crônica na coluna e terríveis enxaquecas que os médicos atribuíam à tensão. Também era muito ansioso. Depois que aprendeu algumas técnicas de relaxamento, esses problemas desapareceram. Há inúmeros estudos que demonstram que relaxar os músculos traz um efeito benéfico para a mente e o corpo.

Se você estiver disposto a dedicar dois minutos várias vezes ao dia a exercícios de relaxamento, ficará impressionado com os resultados positivos que isso terá em sua saúde.

O simples ato de sentar-se ou deitar-se, respirando mais lentamente, altera a química do sangue e exerce um efeito profundo sobre o sistema nervoso. Se você fizer isso durante dois minutos, de cinco a 10 vezes por dia, reduzirá seus níveis de estresse.

Por favor, não diga que é "ocupado demais" para relaxar. Bastam sessões de 10 ou 20 minutos por dia. Quando fomos consultados por um executivo extremamente ocupado que sofria com diversos sintomas de estresse, nós o aconselhamos a realizar três mini-relaxamentos por dia.

Ele seguiu o nosso conselho. De vez em quando fechava a porta da sala e tirava dois minutos para se recostar na poltrona, fechar os olhos, respirar fundo e lentamente relaxar os músculos. Ele relatou que passou a se sentir mais alerta, com maior capacidade de concentração e que terminava o dia de trabalho menos estressado.

O processo é simples:

- **Faça pausas de dois minutos após algumas horas.**
- **Sente-se de maneira relaxante.**
- **Feche os olhos.**
- **Respire lentamente.**
- **Solte os músculos retesados.**
- **Imagine uma situação agradável.**

Costumamos trabalhar e nos estressar sem fazer pausas, o que provoca um acúmulo de tensão. Há quem acredite que, para obter os benefícios do relaxamento, é preciso reservar de 20 a 30 minutos por sessão. Isso não é verdade. Existem pessoas que ficam mais tensas depois de uma sessão prolongada.

Lembre-se de que basta sentar-se ou deitar-se, relaxar os músculos e respirar lenta e profundamente por uns dois minutos. Também é proveitoso visualizar imagens positivas.

Combatendo a insônia

Os maus hábitos de sono de Elizabeth a estavam deixando angustiada. Volta e meia ela tomava tranqüilizantes para dormir, porém odiava usar remédios – sobretudo aqueles que criam dependência. Não tinha noção de que uma rotina saudável poderia ajudá-la a ter uma boa noite de sono.

Quase todo mundo tem problemas para conciliar o sono de vez em quando. Na verdade, a maioria das pessoas sofre de insônia em algum momento da vida.

Embora os casos de insônia sejam, em geral, breves e episódicos, em algumas situações é um sinal de problemas subjacentes de ordem emocional, social ou mesmo médica. Se a sua dificuldade para adormecer for persistente, recomenda-se consultar um médico.

Felizmente, a imensa maioria das vítimas de noites maldormidas pode se beneficiar das sete orientações descritas abaixo para ter uma boa noite de sono.

- **Evite cafeína e álcool, principalmente à noite.**
- **Pratique exercícios com regularidade, mas cuidado para não exagerar.**
- **Use a cama somente para dormir e fazer sexo; evite deitar para ver televisão ou comer.**
- **Consuma alimentos ricos em aminoácidos do tipo triptofano (frango e leite), que estimulam o sono.**
- **Procure manter fresca a temperatura do quarto, pois o calor atrapalha o sono profundo.**
- **Crie uma rotina. Não confunda seu organismo com horários caóticos para dormir e acordar. Por mais tentador que seja ficar na cama até mais tarde nos finais de semana, evite levantar tarde se não estiver conseguindo dormir bem durante a semana.**

- **E, o que é muito importante: não se esforce para dormir se estiver sem sono.**

O último item é muito importante. Se não conseguir adormecer em pouco tempo, levante-se e pratique alguma atividade leve, como ler sentado em uma confortável poltrona ou jogar paciência. Só volte para a cama quando se sentir sonolento.

Se, em algumas noites, essas dicas simples não derem resultado, consulte um médico ou um especialista em problemas do sono.

Não deixe para depois – Parte I

Sexta-feira, 16h15. Geraldo se dá conta de que a proposta de empréstimo tem de ser enviada hoje ou ele não terá nenhuma chance. A proposta ainda não passa de um rascunho. Será que ele vai conseguir terminá-la, revisá-la e enviá-la até as 17h30? Terça-feira, 18 horas. Dentro de uma hora Jenifer vai presidir a reunião do subcomitê de programas de recreação da Associação de Pais e Mestres. Ela sequer folheou as anotações do último encontro, realizado há um mês. Ao juntar o material para a reunião, descobre que ficou encarregada de apresentar as estimativas de custos dos árbitros para o campeonato de basquete depois das aulas. Infelizmente, ela não se esforçou para obter as informações necessárias.

Eventualmente, qualquer um de nós pode adiar alguma tarefa, sentir-se desmotivado ou evitar entrar em ação. A tendência de deixar para depois é uma característica normal que, na pior das hipóteses, resulta em uma pequena inconveniência ou em uma corrida desnecessária contra o tempo.

Algumas pessoas, porém, apresentam enormes dificuldades para começar alguma coisa, parecendo incapazes de iniciar tarefas. Conseqüentemente, vêem-se sempre à beira de uma enxurrada de prazos não cumpridos, trabalhos inacabados e becos sem saída.

A boa notícia é que, seja você um novato em protelar o cumprimento das obrigações ou um veterano em deixá-las para depois, existem vários métodos de grande eficácia para evitar isso. Com a vantagem de promover um aumento de produtividade e uma diminuição do estresse.

O primeiro, e provavelmente o mais importante método para evitar adiar as coisas, consiste em compreender a relação entre motivação e ação.

Muita gente acredita que a motivação deve preceder a ação. Ou seja, que antes de fazer algo precisamos nos sentir motivados. Nada mais enganoso. Na maioria dos casos a ação antecede a motivação. Uma vez que partimos para a ação, a motivação tende a se desenvolver e torna-se cada vez mais fácil continuar o que começamos. Como diz o velho ditado: "Começar é a parte mais difícil."

- **Não espere ficar motivado antes de agir – crie motivação agindo.**

É muito comum que as pessoas deixem de cumprir uma tarefa ou resolver uma situação porque seria apenas mais uma tarefa entre tantas à espera de uma solução. "Para que me dar ao trabalho?", dizem. Ocorre que um item se transforma em dois, depois em quatro, oito, 16 e, em pouco tempo, haverá um acúmulo considerável.

Na próxima vez em que sentir vontade de deixar para depois o que pode ser feito agora, comprometa-se a cumprir, pelo menos por alguns minutos, a tarefa que vem evitando. É provável que, após os minutos iniciais, a motivação surja e você continue o trabalho com interesse e entusiasmo cada vez maiores.

Não deixe para depois – Parte 2

Os amigos de Ken debochavam dele por sempre protelar tudo. "Se houvesse o Prêmio Nobel para quem gosta de deixar as coisas para depois, sem dúvida você seria o vencedor." Mas o fato de Ken ter sido demitido de três empregos em apenas cinco meses, por conta do hábito de adiar as coisas, não tem graça nenhuma.

Outro método útil para combater o hábito de protelar é reconhecer que isso pode tanto estimular e facilitar quanto prejudicar e interferir no processo de entrar em ação. As idéias que levam ao adiamento de qualquer iniciativa podem ser chamadas de Pensamentos que Interferem nas Tarefas (PIT). Em contrapartida, podemos chamar as idéias que tendem a criar motivação de Pensamentos que Ativam as Tarefas (PAT).

"Posso deixar para cortar a grama amanhã", "O relatório só precisa ser entregue na sexta" e "Levo o lixo para fora depois do noticiário" são exemplos de PIT.

Já frases como "Se eu cortar a grama agora, poderei relaxar pelo resto do final de semana", "Melhor começar logo aquele relatório, pois pode surgir algo novo de hoje para sexta-feira" e "Vou levar o lixo lá para fora agora para poder dormir sem me preocupar com isso" são exemplos de PAT.

Na luta contra a mania de adiar as coisas, é melhor seguir o ditado: "Não deixe para amanhã o que pode fazer hoje."

- **Sempre que perceber que está adiando ou evitando o cumprimento de uma tarefa em razão de Pensamentos que Interferem nas Tarefas, tente trocá-los por Pensamentos que Ativam as Tarefas e veja a diferença que isso faz.**

Também é útil:

- **Não se esqueça de se auto-recompensar após completar uma tarefa. “Se eu concluir o relatório a tempo, vou me dar um sorvete de presente”, ou alguma outra coisa que combine mais com o seu estilo de vida.**

Lembre-se de que:

- **O simples ato de começar, não importa a situação em que você esteja, irá despertar seu entusiasmo.**

Ao desenvolver o hábito de não adiar as tarefas, você se torna mais produtivo e menos estressado.

Veja-se como uma pessoa saudável

Seu pensamento controla o que você sente

Gina sentia-se triste e preocupada o tempo todo. "Não consigo controlar o modo como me sinto", queixava-se. Quando aprendeu que os pensamentos são em grande parte responsáveis pela maneira como nos sentimos, conseguiu ter mais controle sobre as emoções que a afligiam. Descobriu que, com um pouco de esforço e dedicação, é possível controlar e alterar os pensamentos negativos.

Quase todo mundo conhece o ditado: "A mente controla a matéria." Embora seja improvável que a mente humana seja capaz de controlar objetos com o mero poder mental, cada vez fica mais claro que os pensamentos e percepções podem influenciar os estados de humor, os sentimentos e as emoções.

Quantas vezes você ouviu alguém dizer: "Aquilo me deixou furioso", "Ele me deixou chateado" ou "Isso me incomodou", como se os acontecimentos externos controlassem diretamente nosso estado de espírito? A verdade é que:

- **Não são os acontecimentos que deflagram nossas emoções, mas o que pensamos sobre os acontecimentos.**

Nossas reações emocionais automáticas aos estímulos externos são os efeitos combinados de um fato com a nossa *interpretação* do que de fato aconteceu. Essa é a relação cognitiva, o elo de ligação que une os fatos e as emoções às nossas vivências.

Esse conceito tem, no mínimo, 2.000 anos e geralmente é atribuído ao filósofo Epicteto: "O homem não se deixa perturbar pelas coisas, mas pela visão que tem delas." Séculos mais tarde, William Shakespeare expressou de outra forma a mesma idéia em *Hamlet:* "As coisas não são nem boas nem más; é o pensamento que as torna desse ou daquele jeito."

O fato é que temos um enorme controle sobre nossas emoções. Não somos criaturas indefesas que respondem automaticamente a estímulos, sem nenhum poder sobre o próprio estado de espírito.

- **Reconhecer que os pensamentos influenciam as emoções é um passo muito importante no caminho que leva a uma vida mais feliz e saudável.**

Pensamentos negativos podem ser desafiados e mudados. Em troca, teremos sentimentos e emoções mais positivos.

Como ser feliz pensando de forma mais saudável

"Estou muito feliz por José ter terminado nosso relacionamento."
Nenhuma das amigas de Elaine acreditava no que ela estava dizendo.
Era evidente que Elaine estava magoada e confusa com o comportamento de José. Ao racionalizar, em vez de enfrentar a realidade, estava se privando de aprender como parar de repetir os mesmos erros.

No item anterior, destacamos que o pensamento é um importante elo no encadeamento de acontecimentos que unem as situações externas e nossas reações emocionais a elas. Lembre-se de que não são os acontecimentos que nos deixam zangados, tristes, felizes ou assustados; é a interpretação que damos a eles que nos deixa assim.

Basicamente existem três maneiras de pensar. Podemos fazê-lo racional ou irracionalmente ou tentando racionalizar. O *pensamento racional* baseia-se mais no fato objetivo do que na opinião subjetiva. Ele nos ajuda a sobreviver, a atingir metas e promove o bem-estar emocional e o sucesso dos relacionamentos.

O *pensamento irracional* não se baseia na razão nem na objetividade. Sua tendência é minar o bem-estar emocional, além de freqüentemente levar a conflitos desnecessários e, por vezes, ameaçar a própria sobrevivência.

Já a *racionalização* é uma tentativa de justificar ações ou escolhas com motivos lógicos que, na realidade, são justificativas fictícias. Embora não tão nociva quanto a irracionalidade pura e simples, a racionalização também é inimiga da boa saúde mental.

- **O tipo de pensamento mais saudável é, sem dúvida, o racional.**

Ao contrário das crenças irracionais que quase sempre são baseadas em demandas ("tenho que" e "preciso de") ou em ordens ("faça", "compre"), o pensamento racional baseia-se em preferências, aceitação e tolerância.

Mas não esqueça que o pensamento racional não elimina as emoções. Muito pelo contrário.

- **Ao substituir crenças irracionais por convicções racionais, você reduz drasticamente as emoções negativas e, ao mesmo tempo, aumenta os sentimentos positivos.**

A ditadura do "deve"

Alberto não conseguia entender por que não tinha amigos próximos. Ele se considerava sincero e afetuoso. Não percebia que impunha tantos "tem que" e "devia" e que era impossível conviver com ele sem ser criticado ou corrigido. Um conhecido chegou a comentar: "Se há algo de que não preciso é receber conselhos que não pedi."

Pessoas que ficam sempre dando conselhos e lições ("tem que", "precisa" e "devia") são muito exigentes e desagradáveis e atrapalham a própria vida e a dos outros. Elas estão sempre reclamando, são insistentes e difíceis de contentar e geralmente possuem um histórico de divórcio conflituoso, poucos amigos e problemas no trabalho.

As pessoas que falam de forma autoritária e agressiva geram muita raiva e culpa. "Você tinha que ter feito X e não Y" e "Ele devia saber que não era para fazer isso" são expressões de raiva. "Eu não devia ter dito isso" e "Eu devia ter feito XYZ" são declarações de culpa.

• **Troque as exigências (os "tem que") por solicitações ("gostaria de"). Os resultados são fantásticos.**

Troque as expressões autoritárias por solicitações. Em vez de dizer agressivamente: "Você devia ter me apresentado ao seu primo", experimente mudar o tom para "Eu gostaria que você tivesse me apresentado ao seu primo".

O mesmo vale para a frase "Você devia fumar somente do lado de fora da casa". Se você disser "Eu prefiro que você fume do lado de fora", o impacto é totalmente diferente.

Quanto menos impositivo você soar, melhor para você e para todos que estão ao seu redor. Obviamente, não são apenas as expressões "tem que" ou "devia" que criam o problema, mas a forma autoritária como elas são ditas.

Evitando falar de maneira autoritária

Norman, um advogado de 36 anos com dois casamentos desfeitos, procurou um terapeuta. Volta e meia ele enfrentava problemas de relacionamento, mas recentemente perdera a amizade de três pessoas próximas, tivera uma briga séria com os pais e sua noiva terminara o relacionamento. Não é de admirar. Norman tinha mais regras e métodos do que o exército, a marinha e a força aérea juntos.

O poder que as regras pessoais têm de nos escravizar foi reconhecido pela primeira vez pela psicanalista Karen Horney, que escreveu sobre a ditadura do "deve". O tema foi posteriormente abordado pelo Dr. Albert Ellis, que enfatizou o poder de destruição psicológica das frases em tom autoritário e exigente.

Os "deves" excessivos de Norman o levaram a cortar relações com o irmão, pois este fez investimentos que ele considerava equivocados, e também porque Norman estava furioso com uma série de outras coisas. A vida de Norman mudou para melhor quando ele eliminou o tom autoritário de seu discurso.

Ao final da terapia, Norman escreveu a seguinte declaração, que aconselhamos você a adotar para sua própria vida:

- **"Decidi abrir mão da responsabilidade pela vida das outras pessoas. Vou permitir que os outros decidam o que devem e o que não devem fazer."**

Norman continuou seu desabafo: "Essa decisão tirou um peso enorme de cima dos meus ombros. Não levo mais a vida tão a sério e deixo que Deus decida o que deve ou não deve acontecer. Tudo o que me importa agora são as coisas de que gosto e o que desejo."

Seis meses mais tarde, em um questionário de acompanhamento, ele escreveu: "Pela primeira vez na vida, acredito que eu sou o que se chama de uma pessoa 'popular'. Não sei como alguém conseguia me agüentar antes."

Ao contrário da transformação sofrida por Norman, muitas pessoas não conseguem ou se recusam a abandonar a forma autoritária de falar. "Você devia ter pensado antes de fazer o que fez", "Você tem que parar com isso", "Eu devia ter me comportado de outra forma", "Eu tenho que ganhar o jogo de tênis".

- **Transforme as frases com "deve" ou "tem que" em solicitações e desejos: "Eu gostaria de ganhar a partida de tênis" ou "Eu gostaria que você parasse de fazer isso".**

Experimente essa técnica e veja como vai se sentir melhor.

Os perigos do pensamento positivo exagerado

Isaac sofria do que se pode chamar de "otimismo cego". Ele via apenas o lado bom da vida, os acontecimentos positivos. Por varrer a dura realidade para debaixo do tapete, ele era pego de surpresa quando circunstâncias negativas surgiam. Geralmente estava despreparado devido às lentes cor-de-rosa com que sempre via tudo ao seu redor.

Norman Vincent Peale é bastante conhecido por seus textos sobre "o poder do pensamento positivo". De fato, o Dr. Martin Seligman, um renomado psicólogo e pesquisador, demonstrou que o otimismo é um elemento-chave para o bem-estar emocional.

Existe, porém, uma grande diferença entre o otimismo saudável e o ingênuo Jogo do Contente inventado por Pollyana, personagem do livro homônimo da escritora Eleanor Porter. O positivismo à la Pollyana nos estimula a ver o lado bom das coisas o tempo todo. Esse discurso entusiasmado, no entanto, tende a se voltar contra quem o adota e a causar ressentimento e isolamento nos outros.

As pessoas que fazem o Jogo do Contente não só ignoram problemas reais e questões que precisam ser solucionadas como impedem as outras de expressarem seus sentimentos de aflição, dor, raiva, solidão e medo.

É difícil expor seus verdadeiros sentimentos na presença de uma pessoa tipo Pollyana. Ela faz os outros se sentirem culpados por terem sentimentos negativos.

- **Otimistas realistas não falam de como as coisas são maravilhosas e de como tudo vai ficar ótimo diante de acontecimentos tristes, ruins.**

Aqueles que acreditam que basta sorrir diante da tragédia, que é só acreditar que tudo vai ser maravilhoso, acabam enfrentando problemas ainda maiores.

- **Pequenos problemas, quando ignorados ou subestimados, acabam se transformando em grandes problemas.**

A diferença entre o falso otimismo e o otimismo racional pode ser demonstrada nas seguintes afirmações:

(1) "Não há nada com que se preocupar, tudo vai acabar bem." Esse é o falso otimismo.

A segunda declaração reflete o otimismo racional:

(2) "Estamos com uma tremenda confusão em nossas mãos, as coisas não estão nada boas, mas, se enfrentarmos a situação, provavelmente conseguiremos resolvê-la."

Também é importante notar que:

- **Em determinadas circunstâncias, mudar não é possível. É a aceitação, não o otimismo, que evitará a depressão ou a eterna frustração.**

Ninguém é perfeito

Harry queria uma esposa perfeita, um emprego perfeito e uma casa perfeita. Aos 39 anos, no entanto, ele continuava solteiro, desempregado e vivendo em uma moradia popular. Sua obsessão pela perfeição havia tornado impossível para ele contentar-se com o que o mundo real tinha a oferecer.

Os perfeccionistas não são realistas. Ninguém é perfeito. Ter essa expectativa de si mesmo e dos outros serve apenas para criar um padrão impossível de ser atingido. E pode resultar em uma espiral de pensamentos negativos que conduzem à autodepreciação, à insatisfação, à frustração, ao ressentimento e à atitude de que "não vale a pena se dar ao trabalho".

Recentemente, em uma festa, um dos convidados exclamou orgulhoso: "Sou um perfeccionista." Ele ficou surpreso quando lhe dissemos: "Lamentamos muito. Pode contar com a nossa solidariedade."

- **Se você exige de si mesmo um desempenho perfeito, pode achar que seus esforços são contraproducentes.**

Quando você se obriga a cumprir expectativas pouco realistas, o resultado é o estresse, a ansiedade e a fadiga. O perfeccionismo estimula a competitividade nociva e o comportamento antiético (colar em provas, receber o crédito pelo trabalho de outra pessoa ou alegar falsas qualificações profissionais).

- **Não seja exigente com você mesmo todos os minutos do dia. Em vez disso, esforce-se para ser competente, para dar o seu melhor em alguns momentos.**

Há dias em que todo mundo se sente deprimido, preocupado com um problema pessoal ou por achar que a tarefa a ser cumprida não é tão importante. Livre da pressão, é possível apreciar bem mais o trabalho, e o resultado dessa atitude muitas vezes é excelente.

- **É importante aceitar que, às vezes, basta que as coisas sejam "boas".**

Também é importante se conscientizar de que metas muito altas são difíceis de serem alcançadas. Pessoas sábias aprendem a extrair prazer da tarefa em si, independentemente do resultado.

Se você não conseguir atingir um objetivo perfeito (impossível), isso não significa que você automaticamente se transforme em um fracassado. A derrota está relacionada ao fato de que o objetivo era impossível de ser alcançado.

Somos nós que criamos a infelicidade

Caroline não era feliz. Ela se considerava vítima das circunstâncias. Atribuía sua infelicidade a uma lista de fatores externos (outras pessoas, a economia, o clima, o governo, seu chefe...) e nem imaginava que o que estava por trás de sua tristeza era sua própria percepção das coisas.

A tendência generalizada de atribuir a própria infelicidade a causas externas é um dos mais graves erros psicológicos. As pessoas dizem: "A crítica dele me ofendeu", "O comentário dela me magoou", "Fiquei chateado quando ele me esnobou".

Na realidade, não são as críticas e os comentários que magoam. As pessoas se ofendem com os comentários e incidentes. Há um ditado que reflete a maneira mais saudável de encarar a situação: "Paus e pedras podem quebrar meus ossos, mas palavras não podem me ferir."

Embora esse conceito nos seja incutido desde a infância, não o levamos a sério. Se o fizéssemos, diríamos com propriedade: "Eu me ofendi com a crítica dele" em vez de "A crítica dele me ofendeu".

- **Sempre que culpamos os outros por nossas aflições, não conseguimos nos libertar delas. Mas, quando percebermos que somos nós que nos aborrecemos com as coisas que nos acontecem, mudar torna-se uma possibilidade.**
- **Ao admitir que sua maneira de ver as coisas determina como você se sente, você conseguirá assumir o controle em vez de ser controlado.**

Se você permite que a visita dos seus sogros estrague a sua felicidade ou fica infeliz quando alguém o menospreza, trate de descobrir como você causa a sua própria infelicidade. O que você está dizendo a si mesmo? Só assim você poderá decidir como agir. Da mesma forma poderá desarmar raciocínios imperfeitos e se manter indiferente em vez de se sentir arrasado.

Cuidado com as expectativas muito altas

Bernardo trabalhava como supervisor de uma fábrica. Ele esperava que os funcionários começassem a trabalhar na hora certa, evitassem enrolar na hora do cafezinho e respeitassem o intervalo para almoço. Ele fazia uma marcação cerrada sobre a equipe. Não era perfeccionista, porém seu excesso de expectativas o colocou em apuros. Aqueles que trabalhavam para ele o viam como uma fonte de estresse e acabaram preparando um abaixo-assinado que encaminharam à gerência pedindo que ele fosse substituído.

Repare na diferença entre *perfeccionismo*, que também é uma característica negativa, e *expectativas em excesso*. Se Bernardo fosse perfeccionista, insistiria para que os funcionários produzissem produtos perfeitos. Não era esse o seu problema. Suas expectativas não tinham a ver com êxito ou desempenho, e sim com prazos e com sua visão rígida da relação entre tempo produtivo e tempo desperdiçado.

Veja outros exemplos: quando Rui disse a Célia o que esperava de uma esposa, ela ficou tão chocada com suas expectativas elevadas e mesquinhas que rompeu o noivado ali mesmo. Tom esperava que os outros fossem sempre pontuais e ficava furioso quando o faziam esperar. Sally ficou profundamente magoada quando o filho e a nora não a convidaram para o Natal; ela criara a expectativa de ser convidada.

- **Quanto menor a sua expectativa, menos decepcionado você ficará.**

Um sábio observou: "Procuro não criar expectativas em relação a ninguém. Assim, raramente me sinto magoado, chateado, traído, desiludido ou decepcionado. Também aprendi a não esperar demais de mim mesmo."

- **A pergunta-chave que você deve fazer a si mesmo é por que não está sendo razoável em seus desejos e expectativas. Se tiver dificuldades em descobrir, peça a opinião objetiva de um amigo íntimo.**

Expectativas irreais resultam em decepção e infelicidade. Expectativas razoáveis preparam o caminho para o sucesso, a satisfação e o ótimo desempenho.

Comentar x criticar

O apelido de Horácio era "o juiz". Ele ficou três anos sem falar com o irmão por causa de um pequeno desentendimento. Um de seus colegas de trabalho declarou: "É como se ele armasse um tribunal e assumisse o papel de juiz, batendo o martelo: 'Culpado!' É por isso que ele nunca é convidado para as reuniões e festinhas do pessoal do escritório."

Pessoas críticas, preconceituosas e tendenciosas fazem afirmações de grande alcance com base em poucas informações. Todos nós conhecemos tipos assim. As afirmações falsas e as generalizações radicais são suas marcas registradas: "Quem fala palavrões obviamente é burro e inculto", "Os fãs de rock não entendem nada de música" ou "Quem não freqüenta a igreja é um selvagem".

Não é difícil perceber que o hábito de criticar é uma característica antipática. Se olharmos em volta, veremos que as pessoas com essas características são malvistas e evitadas. Quando elas param de ser hipercríticas, geralmente descobrem um nível de felicidade pessoal que desconheciam.

Claro que ninguém consegue evitar emitir opiniões a respeito dos outros. Então, como diferenciar comentários de críticas? Pelo tom autoritário. Pessoas hipercríticas decretam o que é certo ou errado, o que se deve e não se deve fazer, o que é bom ou ruim.

A verdade é que avaliamos as pessoas todo o tempo: "Ele é lindo", "Ela se veste bem", "Acho que ele não tem muito senso de humor" e "Ela está acima do peso".

- **Quando emitimos opiniões e fazemos comentários sobre as pessoas, não há conotação moral nem inferências a respeito do caráter de ninguém – estamos apenas observando ou percebendo por meio dos sentidos.**

Quando acrescentamos "portanto" a um comentário, é sinal de que vamos extrapolar. "Ele fala muito devagar" é uma observação; "... portanto, deve ser meio burro" já é um julgamento.

- **Se você ficar atento ao seu jeito de falar, evitando julgar os outros, será menos crítico, o que só fará bem a você e a todo mundo.**

Tirando conclusões precipitadas

Charles conheceu Débora no casamento de um amigo e a achou atraente. Algumas semanas depois, ele a convidou para jantar com outros dois casais. Débora permaneceu tão calada o jantar inteiro que Charles ficou decepcionado. "É um tédio estar com ela", afirmou. Um amigo em comum que conhecia Débora garantiu a Charles que ela costuma ser alegre e divertida. "Talvez ela estivesse tendo uma de suas crises de enxaqueca e, por isso, ficou retraída e calada", explicou o amigo. Charles não acreditou, insistindo na idéia de que Débora tinha uma personalidade apagada.

Você já reparou como as pessoas são precipitadas? Como formam opiniões sobre pessoas e acontecimentos em pouquíssimo tempo? E você? Também costuma se deixar levar pela primeira impressão?

Aqueles que são rápidos no gatilho e chegam a conclusões sem ter dados suficientes para isso costumam se dar mal e sofrem as conseqüências disso.

- **Sempre que você generaliza ou chega a uma conclusão baseado em informações insuficientes, provavelmente está enganado.**

Após uma breve visita à Inglaterra, John decidiu que gostaria de morar lá e aceitou, animado, uma oferta de emprego. Após uma semana ele percebeu que tinha cometido um grave erro. Se tivesse analisado mais detidamente a situação e o estilo de vida britânico, teria percebido que teria de mudar drasticamente para se encaixar ali. Nesse meio tempo, ele acabou abrindo mão de um emprego bem remunerado em seu país e criou um sério problema para si mesmo.

É mais vantajoso buscar os fatos antes de tomar decisões precipitadas.

- **Pergunte a si mesmo se fez perguntas suficientes para comprovar as impressões iniciais.**

Verificar se existem aspectos e elementos que você desconhece pode ser de grande ajuda. "Estou realmente a par de todos os aspectos?"

- **Busque o equilíbrio. Olhe antes de se lançar (mas não exagere, que é para não perder as oportunidades).**

Evitando a intolerância

Zelda era muito intolerante com ela mesma. Era gentil e generosa com os outros, mas os padrões que estabelecera para si eram muito severos. Exigia tanto dela mesma que costumava punir-se psicologicamente, negando-se a desfrutar de certos confortos no dia-a-dia se achasse que estava abaixo do padrão ideal.

Governos fascistas são tirânicos, ditatoriais e inclinados ao uso da força. Críticas severas e condenações cruéis, mesmo em função de pequenas infrações, são reações tipicamente fascistas.

Quando vemos alguém ser tratado dessa maneira dura, nós nos sentimos horrorizados, enojados. No entanto, não são apenas governos que podem ser acusados de tratamento desumano.

Você já deve ter visto alguém atacar verbalmente outra pessoa em uma festa. "Você é um idiota", "Seu cretino egoísta" ou "Seu canalha ingrato" são ofensas que podemos qualificar como *fascistas*. Além de extremamente desagradáveis, elas desclassificam o autor em questão de minutos.

Embora muitas pessoas não sejam capazes de se dirigir aos outros com essa agressividade –"Não sou capaz de ferir a dignidade e a auto-estima dos outros" –, elas acham que não há nada de mais em tratarem a si mesmas dessa maneira.

- **Muitas pessoas, que nunca falariam dessa forma fascista com alguém, o fazem com freqüência com elas mesmas. Dizem coisas do tipo: "Sou um idiota, um verdadeiro cretino, um trouxa!"**

Não faz diferença se você está se colocando para baixo ou fazendo isso com outra pessoa. Para quem observa a cena, o que chama a atenção é o fato de que alguém está sendo agredido.

O fascismo é desprezível em qualquer situação – não importa se tratamos os outros de forma tirânica ou se somos tirânicos com nós mesmos.

- **São imensos os ganhos psicológicos quando nos tratamos com o mesmo respeito que normalmente reservamos aos outros.**

Os erros podem ser ótimos

Ary ficou impressionado quando alguém no escritório admitiu abertamente ter cometido alguns erros. "Não entendo por que ele não escondeu isso", pensou em silêncio. Ary foi criado acreditando que cometer erros é um sinal de inferioridade. Sempre fez o possível e o impossível para evitar erros.

"Cometer erros pode ser uma coisa boa, não apenas tolerável ou aceitável, mas algo necessário e até desejável." Muita gente considera essa declaração, no mínimo, intrigante, pois errar é um sinal de fraqueza. "Minha imagem fica arranhada se eu me engano.

Quem comete erros parece tolo e pouco inteligente", diz o senso comum.

Por acreditar nisso, muitas pessoas negam seus erros ou os escondem.

- **Uma das melhores maneiras de aprender é corrigindo os próprios erros. Os erros fornecem pistas que nos ajudam a crescer.**

A necessidade de "estar certo o tempo todo" é prejudicial ao crescimento pessoal. Pressupõe um estado permanente de alerta e, possivelmente, de disposição para encobrir o que não é correto, o que deixa qualquer pessoa tensa e na defensiva.

- **Ver os erros dos outros deixa muita gente aliviada porque confirma que "errar é humano". Isso favorece o estabelecimento de relacionamentos mais próximos.**

A idéia generalizada e lamentável de que é importante evitar os erros em todas as situações, a qualquer preço, provoca muita infelicidade.

Haroldo era um executivo em início de carreira, cheio de idéias criativas, que tinha medo de expor suas propostas por temer estar enganado e, com isso, perder uma promoção no trabalho. Curiosamente, ao fazer sua avaliação anual, foi considerado pouco criativo pelo chefe e, portanto, não foi promovido.

Na verdade, muitos terapeutas aconselham seus pacientes a chamar atenção a determinados erros em vez de encobri-los. É comum recomendar: "Conte aos seus amigos os seus piores erros." Aqueles que seguem o conselho relatam que:

- **Com a prática, admitir os erros se torna mais fácil e prazeroso.**

Assumir os próprios erros pode ser uma valiosa lição de humildade e administração de estresse.

Sobre fatos e opiniões

Henrique era visto como uma pessoa dogmática. "Acabo de assistir ao melhor filme da década", anunciou a alguns colegas de trabalho. Chris comentou: "Você quis dizer que viu um filme de que gostou." E Henrique respondeu: "Não, sei bem a diferença entre um filme bom ou ruim." Hélio se meteu: "Quase sempre é uma questão de opinião." E Henrique retrucou: "Nada disso. São fatos."

Você certamente conhece o tipo: ele está sempre certo em tudo o que faz e costuma dizer coisas como "Não é nada disso", "Isso é ridículo" e "Você está completamente enganado" toda vez que alguém emite uma opinião discordante.

Esse tipo de pessoa costuma ser desagradável e impopular. Sua filosofia é: "Eu *acho* que sei, logo *sei*." Ou então: "Minha opinião não é uma mera opinião, é um fato."

Estar certo é muito importante para essas pessoas. Elas não conseguem perceber que existe uma grande diferença entre *fato* e *verdade* e também entre *opinião*, *gosto* e *preferência*. E mais, algo estar *errado* não é o mesmo que *não gostarmos* ou *desaprovarmos* alguma coisa.

Um fato é algo que pode ser testado e confirmado. Uma crença, opinião ou preferência não podem ser verificadas. É o caso de frases como "Milho é mais gostoso que ervilha" ou "Cabelo comprido é mais sensual que cabelo curto".

Todo mundo tem o direito de expressar opiniões sem ser ridicularizado ou interrompido. É importante evitar atacar e rotular aqueles que discordam de nós.

- **Quando não estiver lidando com fatos comprovados, adquira o hábito de dizer: "Parece-me que... Minha impressão é que... Acho que... Acredito que... Minha opinião é..."**

Tenha cautela com quem diz: "Você está errado... Eu tenho razão... Você tem mau gosto... Você não pensa direito... Você não sabe o que é bom..."

Se a pessoa lhe diz que "você não tem bom gosto", corrija-a educadamente, porém com firmeza: "Você quer dizer que seu gosto é diferente do meu, não é mesmo?"

Todo mundo tem o direito de ter a sua opinião: "Esta pode ser uma grande pintura, mas eu não gosto dela."

Mas, se você disser "Este quadro é horrível", é bom que seja um renomado especialista em arte, capaz de explicar exatamente por que aquela obra de arte não tem grandes qualidades.

Estabelecendo metas realistas

Ronaldo vivia segundo o adágio: "Mire as estrelas." Ele acreditava que o topo era a única posição que valia a pena. Não percebia que algumas de suas mais sublimes aspirações estavam acima de sua real capacidade, o que freqüentemente o deixava decepcionado e infeliz.

Muitas pessoas acreditam que é preciso lutar e se esforçar para atingir uma meta. Quando não conseguem, em geral ouvem o seguinte comentário: "Você não se esforçou o suficiente." Essa crítica é injusta e, por vezes, bastante prejudicial.

Um de nossos pacientes – vamos chamá-lo de Luís – se considerava um fracassado, pois, por mais que tentasse, nunca conseguiu ter um corpo musculoso ou ser um esportista competente. A questão é que o pai de Luís e seus dois irmãos eram verdadeiros atletas e ele os admirava e desejava ser como eles. Infelizmente, não havia herdado as mesmas características físicas e as habilidades naturais para o esporte. Em vez de se iludir acreditando que poderia se tornar um atleta, Luís precisava estabelecer metas que estivessem ao seu alcance.

- **É importante encontrar um equilíbrio entre perseverar e saber o momento de parar.**
- **Você precisa avaliar seus interesses, habilidades e objetivos e realizar uma autodescrição honesta.**

Se um objetivo se encontra ao seu alcance, não hesite em lutar por ele. Mas, se a dificuldade for excessiva, é preciso reavaliar a situação. Não tente quebrar uma pedra batendo com a cabeça nela.

- **Se os seus planos não estão dando certo e você está se sentindo cansado, desestimulado e frustrado, tente outra coisa.**

Mudar de objetivo não é o mesmo que desistir. Quem desiste é porque não tentou o suficiente e acabou jogando a toalha antes do tempo assim que surgiram as dificuldades. Mas, se você se empenha e não obtém sucesso, o jeito é:

- **Mudar pode acabar com a sua frustração e o resultado é o seu amadurecimento pessoal.**

Não deixe que as provocações o afetem

Susana era extremamente sensível. Um insulto real ou imaginário, um olhar enviesado, o menor sinal de crítica a lançava em um poço de desespero e angústia. Sua irmã observou: "É como se um caminhão passasse por cima dos sentimentos de Susana pelo menos umas 10 vezes por dia."

"O que vem de baixo não me atinge." Embora repetíssemos essas palavras desde a infância, quando outras crianças nos incomodavam não acreditávamos realmente nelas. O provérbio era apenas um modo conveniente de parecer indiferente. Por dentro, sentíamos raiva e mágoa quando éramos alvos de xingamentos, zombarias, provocações e outros insultos.

Talvez tenhamos dificuldades em enxergar uma verdade primordial: não são as palavras que nos ferem; nós é que nos ferimos com as palavras. Experimente convencer uma criança de sete, oito, nove ou 10 anos de que ela não precisa se chatear com o fato de ser chamada, em tom de deboche, de "quatro-olhos" por causa dos óculos. Tente convencer uma menina de 12 anos de que não precisa se preocupar se as amigas, menos desenvolvidas, zombam dela por usar sutiã.

Andrew, um inteligente menino de 10 anos, estava triste porque dois garotos o haviam chamado de *nerd*. Não tivemos sucesso na tentativa de convencê-lo de que eles provavelmente estavam com inveja de sua inteligência acima da média e de suas notas sempre altas.

Algumas pessoas possuem uma necessidade desesperada de serem amadas (às vezes a qualquer preço) e de serem vistas como populares. Carregam esses desejos por toda a vida – buscam avidamente a popularidade e a aprovação dos outros, e muitas vezes ficam arrasadas com críticas e rejeições.

Como aprendemos a não nos deixar afetar pelas palavras dos outros?

- **Se alguém está lhe menosprezando, é essa pessoa que tem problemas emocionais. Pessoas equilibradas não desdenham das outras.**

Qualquer um que aproveite esse conselho conseguirá ignorar as críticas negativas e sair ileso.

Veja a coisa da seguinte forma: se você visitasse um hospital psiquiátrico e um paciente internado em isolamento o criticasse agressivamente, você não o levaria a sério. Considerando a fonte da crítica, você a ignoraria. Só porque a pessoa que o insultou não é doente mental não significa que você deva levar em consideração suas críticas.

- **Os outros, e as palavras que eles proferem, têm somente o poder que você lhes confere.**

Três exigências típicas de neuróticos

Beatriz cresceu esperando que a vida fosse simples e fácil. Nasceu em uma família abastada, freqüentou uma seleta escola particular e nunca teve de enfrentar muitas adversidades, nem mesmo tomar conta de si mesma. Quando ingressou na faculdade e deixou o ambiente de superproteção onde todos a mimavam, ela desmoronou. Todos achavam que ela se viraria sozinha, seria independente, mas Beatriz não tinha as ferramentas nem o desejo necessários para enfrentar a vida sozinha.

Imagine viver de acordo com as três exigências a seguir: "Preciso me sair bem", "Os outros têm de me tratar bem" e "Nunca terei de lidar com obstáculos e dificuldades".

Algumas pessoas realmente acreditam que nunca deveriam ter de enfrentar um engarrafamento, esperar em uma fila, enfrentar a burocracia ou sofrer qualquer humilhação.

O antídoto para isso é abandonar todas as exigências e necessidades. Conforme diz o Dr. Albert Ellis: "Eu quase sempre acho que teria sido melhor se eu tivesse me saído bem, se os outros tivessem me tratado com justiça e se o mundo fosse um lugar fácil e agradável. Mas nem sempre é assim – e isso faz muita diferença."

Dr. Ellis é um dos autores mais produtivos no campo da psicologia clínica. Criador de um tratamento que ele chama de Terapia Comportamental Racional-Emocional, Ellis identificou as três exigências que são a base do comportamento neurótico.

"Preciso me sair bem" é a primeira exigência, uma espécie de um mandamento do ego. Isso significa que:

- **As pessoas costumam estabelecer expectativas altas demais para si mesmas.**

"Tenho de ser bem-sucedido e competente. E me sair bem em qualquer coisa que seja capaz de realizar. Se não atingir minhas metas e expectativas, serei um fracassado e merecedor do que há de pior." Esse modo de pensar é a base para a autodestruição, para a depressão e para abrir mão de seus desejos.

"Os outros têm de me tratar bem" é a segunda exigência. Ela surge quando:

- **As pessoas nutrem a expectativa irreal de que as outras devem tratá-las de forma respeitosa, justa, gentil e decente.**

Quando não é isso que acontece, quando você precisa enfrentar a grosseria e o desrespeito, a reação é de intensa fúria e o sentimento é de que os autores de tamanha desatenção merecem tudo o que há de pior. Essa atitude está por trás do ódio, da raiva e da hostilidade.

A terceira exigência é: "Nunca terei de lidar com obstáculos e dificuldades."

- **As pessoas ficam furiosas porque acreditam que os outros, as circunstâncias e o mundo em geral não devem decepcioná-las nem lhes causar nenhum inconveniente.**

Elas teimam em acreditar que o planeta deve prover-lhes de tudo o que desejam rápida e facilmente. Padecem ainda de baixa tolerância à frustração e costumam ver qualquer contrariedade como uma grande catástrofe.

É fácil ver o quanto essas exigências são irreais e autodestrutivas. É preciso um trabalho duro e diligente para se livrar delas, mas os resultados justificam o esforço.

Organize suas ações

Ações falam mais alto que palavras

Bárbara e Jeferson tinham um casamento turbulento, sobretudo porque ele freqüentemente ignorava os desejos e sentimentos de Bárbara. Ele repetia o quanto a amava, porém seu comportamento contrariava essas palavras. Não telefonava quando se atrasava, volta e meia esquecia das datas especiais, como o aniversário dela, e tomava decisões importantes sem consultá-la.

Há quem acredite que o que pensamos, imaginamos e sentimos é tão importante quanto o que fazemos. A verdade é que, como diz o velho ditado, as "ações falam mais alto que palavras". Os atos são sem dúvida mais importantes que os pensamentos.

Por mais que simpatizemos com alguém, nunca sabemos realmente quais são seus pensamentos, motivações e experiências emocionais. Tudo de que dispomos para fazer a avaliação é o registro do comportamento da pessoa e do que ela faz ou deixa de fazer.

Do mesmo modo, a única fonte de informação que as outras pessoas têm de você é o seu comportamento. E o que você escolhe fazer ou não está quase inteiramente sujeito ao seu controle.

Ao fazer uma auto-análise, procure não enfatizar a importância dos pensamentos, sentimentos e motivações em detrimento de ações e comportamentos.

- **Lembre-se de que nossas ações nos definem como indivíduos. As pessoas não podem ler a nossa mente, mas podem ver o que fazemos.**

Ainda assim muita gente se maltrata emocionalmente sem necessidade, por acreditar que seus motivos não foram puros nem caridosos, embora seus atos tenham sido valiosos e gentis. Mas a verdade é que, mesmo que sua maneira de pensar seja pouco generosa, seus feitos terão valido a pena.

No fim das contas, o que fazemos e o que deixamos de fazer determinam o curso de nossa vida atual e futura. Nossos atos são mais importantes do que o que pensamos, sentimos e imaginamos.

Repetindo:

- **O que pensamos importa menos do que o que fazemos.**
- **O importante é como nos comportamos.**

Lembre-se de que o pensamento não equivale à ação. Quem tem maus pensamentos mas só pratica boas ações continua sendo uma boa pessoa.

Aprenda a delegar: não faça tudo sozinho

Elvis e Renato são vizinhos e decidiram fazer pequenas reformas em suas casas. Elvis passou quase o verão inteiro construindo ele mesmo o deque, ao passo que Renato contratou um empreiteiro e passou a maior parte das férias à beira-mar. Não haveria nenhum problema se o adepto do faça-você-mesmo tivesse curtido o esforço. Ocorre que Elvis achou a empreitada sem graça e exaustiva, e sua mulher e seus filhos se ressentiram por ele não ter tido tempo para eles. Elvis fala da obra com orgulho, mas ele a família pagaram um preço bastante alto por isso.

Você já deve ter ouvido alguém dizer: "Se quer que fique bem-feito, faça você mesmo." A tradição do faz-tudo está incutida na psique americana. A visão de pioneiros derrubando árvores e construindo cabanas em meio à mata permeia os quintais atravancados e as lojas de ferramentas e objetos para casa.

Na realidade, se você quer que algo seja bem-feito, a melhor opção é fazer você mesmo. Mas, como toda generalização, essa atitude pode ser exagerada. Existem muitas pessoas que gostam de estar no controle e alimentam o próprio ego dizendo "Fui eu que fiz". Elas simplesmente não confiam em mais ninguém para executar bem uma tarefa. Por terem dificuldades em delegar responsabilidade, a lista de pendências vai se acumulando.

- **Peça ajuda, delegue responsabilidades e aproveite o talento dos profissionais. Você ficará com mais tempo livre para cuidar dos assuntos relevantes e aumentará sua qualidade de vida.**

Um engenheiro mecânico certa vez reclamou que, sempre que contratava operários para consertar algo em sua casa, os serviços não ficavam tão bons quanto ficariam se ele mesmo os tivesse executado. Fazendo terapia, ele aprendeu a esperar que os resultados fossem "bons o suficiente" e não "perfeitos", e tornou-se mais descontraído e menos ansioso.

Um amigo bem-humorado costuma dizer: "Nunca faça algo se pode deixar que outros façam por você."

- **Estabeleça prioridades, equilibre suas responsabilidades, faça o que gosta e o que pode fazer, e delegue com mais freqüência.**

Trabalhando de forma produtiva

Antônio e Leonel estudavam na mesma turma na faculdade. Leonel estudava de cinco a seis horas por dia, enquanto Antônio passava boa parte de seu tempo livre descansando. Em termos de inteligência, era evidente que Leonel estava na frente, mas, no fim das contas, Antônio recebeu conceito "A", e Leonel, um "B". Será que quando chegou a época das provas Leonel estava exausto por ter exagerado na dedicação aos estudos e Antônio continuava disposto e alerta?

Todos nós sabemos que o trabalho duro é recompensado, mas muita gente acredita que quanto mais se esforçar mais longe chegará.

"Deus ajuda quem cedo madruga", diz o dito popular. Por trás dessa expressão reside a noção de que não se deve fazer corpo mole. Estudos na área de psicologia revelaram que:

- **Um certo grau de ócio faz bem e nos torna mais produtivos.**

Pesquisas realizadas sobre o que chamamos de "prática intensa" em oposição a "prática distribuída" quase sempre demonstram que os que adotam a primeira opção conseguem menos resultados do que os que utilizam a segunda.

A prática intensa consiste em executar uma tarefa sem paradas para descanso. Com o passar do tempo, os workaholics descobrem que seu organismo vai aos poucos se intoxicando por substâncias químicas que provocam fadiga e acabam precisando se esforçar cada vez mais para obter resultados satisfatórios.

A prática distribuída é uma estratégia que prevê a realização de intervalos curtos e freqüentes ao longo da realização de uma tarefa. Interromper o trabalho para fazer uma caminhada de 10 minutos, dar um telefonema para um amigo ou meditar é a melhor opção para quebrar a monotonia, recuperar a energia e continuar a trabalhar em um ritmo ágil e produtivo.

A prática distribuída permite que você se livre da confusão mental e obtenha melhores resultados a longo prazo (com menos erros), além de ficar mais bem-disposto e alerta para voltar ao seu compromisso.

A fórmula para ser bem-sucedido e produtivo no trabalho é:

- **Não trabalhe horas seguidas sem fazer intervalos.**
- **Permita-se um pouco de ócio de vez em quando. Isso ajuda a eliminar de seu corpo o ácido lático e outras substâncias químicas relacionadas à fadiga.**
- **Trabalhe de forma mais inteligente – não com mais intensidade ou por mais tempo.**

Coloque mais humor em sua vida

Nancy contava a uma amiga sobre um incidente ocorrido em uma festa alguns anos antes. Seu marido ficou bêbado e fez uma cena. "Fiquei tão envergonhada e zangada que pensei em me divorciar. Mas depois olhei pelo lado engraçado. Isso transformou a raiva em humor e evitou um confronto desnecessário", disse Nancy.

Dar boas gargalhadas com alguém é uma experiência que cria uma conexão imediata entre as pessoas. Quem não leva a vida, nem a si mesmo, tão a sério acaba sendo bem mais saudável e feliz.

Não estamos defendendo a superficialidade, mas quem é capaz de reconhecer os absurdos da vida cotidiana, e consegue rir deles, geralmente consegue lidar melhor com situações estressantes.

- **Procure ver as coisas com leveza mesmo quando estiver em meio a um trabalho sério.**
- **Tente rir com mais intensidade e maior freqüência. O bom humor evita rotinas mentais e pode afastar o tédio e até mesmo a depressão.**

O riso e o bom humor são, na realidade, verdadeiros tônicos psíquicos. Biólogos trabalham com a hipótese de que a gargalhada estimula a produção de catecolaminas e endorfinas no cérebro, o que afeta os níveis de hormônios relacionados à alegria, aumenta a tolerância à dor e fortalece o sistema imunológico.

Seguem algumas idéias para você se divertir:

- **Esteja sempre atento aos acontecimentos absurdos, estapafúrdios e ridículos que surgem o tempo todo. Anote as coisas mais engraçadas que vê e ouve. Mostre-as aos outros.**
- **Mesmo que a situação não seja engraçada, veja o lado cômico.**

Quando você está preso em um engarrafamento, por exemplo, nada de fechar a cara. Divirta-se. Há uma teoria que diz que ao mudar o movimento dos músculos faciais você acaba desfrutando dos mesmos benefícios de uma risada verdadeira.

- **Preste atenção a tudo que o deixa de bom humor: quadrinhos, pôsteres, cartas e piadas. Procure cercar-se das coisas que o divertem.**

Um aviso: evite piadas que ridicularizam as pessoas. Elas se baseiam mais na hostilidade do que no humor e podem provocar sofrimento. Anedotas que apelam para o cinismo também podem ter um efeito negativo.

Jogos de palavras são uma opção inteligente e divertida. Cultive a capacidade de apreciar os absurdos e paradoxos da vida.

A importância do movimento

"Sou um preguiçoso nato", declarou Maurício, com ar resignado. E acrescentou: "Eu lembro que sempre inventei todo tipo de desculpa para não fazer as aulas de educação física na escola." O que Maurício desconhece é que não são necessários exercícios extenuantes para se obter uma boa saúde. Basta uma leve caminhada de 20 a 30 minutos algumas vezes por semana para aumentar o bem-estar.

A ligação mente-corpo tem sido destacada há anos e em variados contextos. Está provado que o que tonifica o corpo também afeta positivamente o bem-estar mental, emocional e psicológico.

Muitas pessoas não se exercitam o suficiente. Às vezes uma simples caminhada de cinco minutos antes de cada refeição pode fazer uma enorme diferença, pois a atividade física acelera o metabolismo e queima calorias, o que só traz benefícios.

- **Não é preciso exagerar nos exercícios para extrair benefícios.**
- **Em vez de usar o elevador, suba alguns lances de escada.**
- **Caminhe um pouco quando estiver falando ao telefone, lendo ou pensando sobre um projeto.**
- **Convide os amigos para fazer caminhadas.**

Não faltam oportunidades para você movimentar o corpo. Coloque um CD para tocar e comece a dançar sozinho, ou cuide das plantas. Outra opção é estacionar o carro em uma vaga distante ou fazer algumas flexões ou polichinelos enquanto espera a água do chuveiro esquentar ou a banheira encher.

Se você gosta de correr ou caminhar de 20 a 40 minutos algumas vezes por semana, ótimo, mas, se não é o caso, dedicar pelo menos cinco minutos a alguma atividade física já é melhor do que nada.

Pesquisas revelaram que mesmo caminhadas moderadas aceleram o metabolismo e trazem benefícios à saúde. O segredo é pensar em termos de "minutos de atividade". Pergunte-se: o que posso fazer em vez de apenas ficar sentado? Não é necessário se inscrever em nenhuma aeróbica extenuante. Se você odeia fazer ginástica, esqueça.

- **Desligue a televisão, alongue-se, movimente-se um pouco.**

Não estamos recomendando que você se torne uma pessoa obcecada por esportes, pois o descanso e o relaxamento também têm seu lugar na busca do bem-estar físico e mental. O importante é manter alguma atividade regular, movimentar-se.

Assumindo a responsabilidade

Délia fazia o "jogo do culpado". Sempre que estava insatisfeita com alguma coisa, culpava outra pessoa. Ela nunca se perguntava se tinha contribuído de algum modo para aquela situação. Mesmo quando lhe apresentavam argumentos irrefutáveis, ela se recusava a aceitar ou admitir qualquer responsabilidade. Será que isso explica o término de seu casamento e seu estado geral de melancolia?

É incrível como grande parte das pessoas se recusa a assumir a responsabilidade por seus atos e escolhas e culpa os outros ou as circunstâncias por seus problemas. Elas fazem o "jogo do culpado", mas o hábito de desviar-se da obrigação de responder por suas próprias ações é um padrão de comportamento que gera frustração.

Aqueles que insistem em atribuir a responsabilidade a fatores que fogem ao seu controle sentem-se impotentes e indefesos. Somente quando assumimos nossas escolhas e ações somos capazes de controlar nossas vidas.

Responder pelos próprios atos não significa ter total domínio sobre o destino. Todos nós somos afetados por fatos inesperados – nossa herança genética, o acaso e os fatores ambientais –, mas, ainda assim, é possível assumir o comando e direcionar a vida na direção que desejamos. Basta assumir a responsabilidade pelas próprias ações.

Culpa e crédito são dois lados da mesma moeda. Se quisermos culpar os outros pelos problemas e dificuldades que enfrentamos, então talvez seja melhor atribuir-lhes também o crédito pelos sucessos e realizações que alcançamos. Da mesma maneira, a liberdade e a responsabilidade andam juntas – não se pode ter uma sem a outra.

Recentemente, o psiquiatra Victor Frankl, sobrevivente de um campo de concentração, observou que falta aos Estados Unidos um monumento que exalte a responsabilidade da mesma maneira eloqüente com que a Estátua da Liberdade, em Nova York, homenageia a liberdade.

O Dr. Frankl defende à construção, em São Francisco, de uma Estátua da Responsabilidade, a fim de se estabelecer um equilíbrio. Mas a verdade é que muita gente precisa assumir sua responsabilidade pessoal no estabelecimento do equilíbrio em relação à liberdade de que gozamos como cidadãos.

- **Assuma a responsabilidade por seus atos e decisões e torne-se o arquiteto e o engenheiro do seu futuro.**

Não reprima seus sentimentos

Natália costumava reprimir suas emoções. "Fui educada para ocultar meus sentimentos", explicou. "Na minha família, as mulheres se limitavam a sorrir e a ficar caladas." Após um treinamento voltado para a auto-afirmação, Natália começou a verbalizar o que sentia.

Sufocar os sentimentos, reprimir todas as manifestações de raiva ou de irritação, esconder os medos e engolir os incômodos não é nada saudável. O hábito de anular-se dessa maneira pode acarretar sérias conseqüências.

É claro que há momentos em que é necessário, até mesmo aconselhável, ocultar os verdadeiros sentimentos. Somente um tolo expressaria suas emoções em qualquer situação. A questão é que:

- **Quando as emoções são reprimidas, o estresse se torna cada vez**

mais intenso, criando a oportunidade para que se desenvolvam problemas de saúde.

Pesquisas realizadas na Áustria, na França, na Alemanha, na Irlanda e nos Estados Unidos demonstraram que sim e as ocorrências mais freqüentes são asma (especialmente nas crianças), dor de cabeça, doenças psicossomáticas e dificuldades cardiovasculares. Será que a repressão emocional produz efeitos negativos na saúde física e mental?

A grande pergunta a ser feita é: Qual é a melhor forma de expressar os nossos sentimentos se estivermos zangados – devemos gritar e distribuir socos para todo lado? A resposta é não. A solução é reagir de maneira firme, porém não agressiva, dizendo coisas como: "Isso me incomoda... Detesto quando você faz isso... Isso me dá medo... Estou muito deprimido neste momento..."

Não negue o que sente nem crie o hábito de esconder seus sentimentos das outras pessoas.

- **Não se reprima nem agrida ninguém, apenas expresse os seus sentimentos.**

Construa relacionamentos bem-sucedidos

Os segredos para ter sucesso no casamento

Laura e Nilo recorreram à terapia de casal. Laura estava chateada com o comportamento de Nilo, sempre negativo. Ela disse, quase soluçando: "Mesmo quando eu peço um pequeno favor recebo um 'não'." Nilo retrucou: "Isso não é verdade. O que acontece é que a Laura só vê defeitos em mim e critica tudo o que eu faço."

Pessoas infelizes no casamento, muitas à beira do divórcio, costumam cometer os mesmos erros. Estão sempre criticando, culpando, acusando, fazendo ameaças e tendem a dizer muitos "nãos" ao parceiro.

Essas atitudes minam o amor e a intimidade. Quando você é o alvo das críticas e acusações, o resultado é mágoa e ressentimento. Quando as reclamações não são razoáveis ou o parceiro responde "não" automaticamente a tudo, o conflito é inevitável.

A maioria dos casais comete esses erros. O mais incrível é que eles se comportam em relação a estranhos com a maior gentileza, consideração e respeito e maltratam aqueles que amam. Acreditam, equivocadamente, que o lar é o lugar para se ficar à vontade, para ser espontâneo e deixar de lado as regras da civilidade.

Não estamos defendendo uma relação entre marido e mulher sem espontaneidade e cheia de formalidades. A sinceridade e a informalidade são os elementos mais importantes de um casamento bem-sucedido. Mas não se esqueça que a franqueza não pode ser usada para que um ataque o outro com bombas de grosso calibre emocional. Em vez disso, procure:

- **Expressar-se com sinceridade, carinho, respeito e consideração pelo parceiro.**
- **Empenhar-se em agradar o parceiro e evitar as coisas que o desagradam.**

Nas nossas sessões de aconselhamento, em geral começamos com a seguinte pergunta: O que você fez de gentil, atencioso e justo para seu parceiro esta semana?

Não dar ao outro o merecido valor não leva à harmonia conjugal. Um casamento bem-sucedido requer esforço e dedicação. No entanto, se essa tarefa se tornar dura e estressante, pode ser um sinal de que a incompatibilidade é grande entre o casal. *Todo casamento exige uma dose de esforço, mas ninguém deve se esforçar demais.*

Se você e seu parceiro competem entre si:

- **Lembre-se de que casamentos de sucesso se baseiam na cooperação, não na competição.**
- **Evite as críticas.**
- **Tente dizer "sim" sempre que possível.**

Como salvar um relacionamento problemático... ou melhorar o que já é bom

Tal como inúmeros casais workaholics, Janice e Jorge se afastaram aos poucos e praticamente passaram a viver em planetas diferentes. Apesar disso, era evidente que se gostavam. Precisavam apenas implementar uma estratégia direta e eficiente que fizesse o casamento renascer e se fortalecer.

Os psicólogos são muito procurados por casais aflitos e pessoas com dificuldades em seus relacionamentos.

Você gostaria de fazer seu casamento voltar às boas ou, quem sabe, tornar a vida mais tranqüila e desfrutar de uma relação descomplicada e prazerosa? Veja as quatro atitudes que podem ajudá-lo a transformar não apenas seu casamento, mas também qualquer tipo de relacionamento.

Problemas conjugais geralmente se originam do esfriamento da *amizade* entre o casal. É lógico que as potenciais dificuldades em uma relação a dois são imensas e qualquer generalização é perigosa, porém, quando os parceiros perdem o sentimento de grande afeição um pelo outro, é quase certo o surgimento de uma espiral de infelicidade.

Então o que pode ser feito para fortalecer e reviver a amizade no casamento?

- **Elogie seu parceiro com freqüência, de preferência uma vez por dia.**
- **Demonstre sua admiração cada vez que seu parceiro fizer algo que o agrade.**
- **Seja mais solícito e atencioso com o seu parceiro.**
- **Divirta-se com seu parceiro, fazendo apenas coisas que agradem a ambos.**

Pequenas gentilezas como preparar o café da manhã do outro,

surpreender com uma flor ou dar um pequeno presente sem esperar nenhuma data especial podem parecer atos triviais, mas são muito importantes para um relacionamento feliz. Afinal, divertir-se na companhia do outro é a pedra de toque da amizade – e dos casamentos felizes.

Lutando por um casamento bem-sucedido

O problema de Mariana e Pedro não era que brigassem muito – eles arrasavam um com o outro. Suas discussões eram ofensivas e magoavam terrivelmente a ambos. Essa agressividade estava destruindo o casamento.

Você e seu parceiro provavelmente devem brigar e se desentender de vez em quando – afinal, isso é humano. Esperamos, contudo, que suas batalhas não resultem em uma guerra declarada como a de Pedro e Mariana.

A diferença entre casais felizes e infelizes não reside em *quanto* eles discutem nem na *freqüência* com que se desentendem, e sim na *forma como expressam sua raiva e suas divergências.*

O modo como o casal briga é uma das melhores maneiras de diagnosticar a saúde do casamento. Não adianta tentar evitar discussões e conflitos, pois os desentendimentos são inevitáveis. O segredo é se esforçar para *resolvê-los.*

- **Quando brigar, evite exagerar nas críticas, no desdém, na atitude defensiva e no isolamento.**
- **Nunca ataque o outro; proponha uma mudança de comportamento.**

Estudos realizados pelo psicólogo John Gottman, da Universidade de Washington, em Seattle, chegaram a conclusões fascinantes sobre o tema. Gottman descobriu o que ele chama de "proporção mágica" entre a positividade e a negatividade nos relacionamentos.

Nos casamentos felizes, a proporção mágica é de cinco para um. Em outras palavras, se marido e mulher expressam pelo menos cinco sentimentos e ações positivas para cada mensagem negativa, o casamento é estável. (Recomendamos a leitura do livro do Dr. Gottman, *Casamentos – Por que alguns dão certo e outros não.*)

A conclusão é:

- **Se você deseja ter um casamento feliz, demonstre interesse, seja carinhoso, mostre que se importa com o outro, que gosta dele, que se preocupa e o aceita... e brigue de forma construtiva.**

Confiança é fundamental

Glória costumava dizer que não conseguia confiar em ninguém.
Sua amiga Karen nunca questionava nada nem ninguém.
Adivinhe quem descobriu que lhe passaram a perna?

Algumas pessoas não são confiáveis quando se trata de dinheiro. Outras jamais roubariam um centavo, mas, em compensação, não sabem guardar segredo. Há quem seja incapaz de roubar e de revelar um segredo que lhe foi confiado, porém costuma quebrar promessas e voltar atrás na palavra dada.

A confiança é, sem dúvida, o aspecto mais importante das relações interpessoais. As pessoas que escolhemos para conviver, para serem nossos amigos e para cônjuges são totalmente confiáveis.

Quando uma amiga disse que não confiava em seu marido, deduzimos que desconfiava da existência de um relacionamento extraconjugal. Contudo, ela se referia às promessas que ele fazia de que ia consertar as coisas na casa e não cumpria.

Portanto, cuidado com o que fala. As generalizações são perigosas e podem provocar confusões e mal-entendidos.

- **Seja específico para evitar transmitir impressões equivocadas.**

Eis um exemplo: você e Lucy falam sobre a possibilidade de formar uma sociedade comercial com Harry. Lucy diz: "Não confio nele." Você não entende e pergunta: "Por quê? O que quer dizer?" Sob que aspecto exatamente ela não confia em Harry?

Dizer simplesmente que não confia nele parece significar que a sociedade não será possível. Mas suponhamos que Lucy apenas não acredite que Harry investirá sua parte do dinheiro no negócio. Nesse caso, não é necessário cancelar o negócio. Basta que ela esclareça sua preocupação e que Harry se comprometa por escrito sobre o valor que está disposto a investir.

Essa história mostra como declarações vagas podem gerar mal-entendidos. Por isso, nunca é demais dizer: *por favor, seja mais específico.*

Seu comportamento revela seus sentimentos

Mirna queixava-se de que seus filhos adultos a desrespeitavam. Perguntamos-lhe se ela os tratava com respeito, e ela respondeu: "Não preciso. Sou a mãe deles."

Algumas pessoas acreditam em amor incondicional. Acham que podem agir de maneira detestável e que seus parentes e amigos continuarão a amá-las por "aquilo que são". Trata-se de uma idéia equivocada. O amor irrestrito e absoluto é possível apenas entre pais e filhos pequenos, mas não na maioria dos relacionamentos.

- **Sua conduta determina quem vai amá-lo, odiá-lo, aproximar-se ou afastar-se de você.**
- **Analise com sinceridade e sem concessões os seus atos e pergunte-se o que você faz pelas pessoas que são importantes na sua vida.**

Será que sua personalidade e estilo o tornam uma pessoa agradável e atraente que faz com que as pessoas procurem a sua companhia?

- **Você é uma pessoa com quem é agradável conviver?**

É fácil se relacionar com você? Você é prestativo e gentil? Demonstra afeição? É interessado? Ouve o que os outros têm a dizer?

- **Você trata mal as pessoas?**

Você é mesquinho, desagradável, rude, impaciente e mal-humorado? Está sempre criticando alguma coisa, reclamando, fazendo acusações e se irritando com facilidade? Mesmo quando pratica boas ações, o faz com hesitação e contrariedade?

Se respondeu "sim" a uma dessas perguntas, não se surpreenda se as pessoas mantiverem distância de você. Ninguém pode ser meigo, caloroso, gentil, amoroso, atencioso, afetuoso e agradável 100% do tempo, mas o que você deve se perguntar é com que freqüência e em que circunstâncias é egoísta e indiferente. Não se esqueça de que seu comportamento revela seus sentimentos.

- **Se você descobrir inconsistências entre quem você é e como você se comporta, precisa mudar. Para ser bem tratado, é preciso ser agradável com os outros.**

Gentilezas não irão suplantar grosserias

O marido de Sara às vezes era agressivo. Certo dia, durante o café da manhã, ele se irritou porque ela estava falando ao telefone em vez de estar lhe fazendo companhia. Depois que Heitor saiu para o trabalho, Sara foi buscar suas camisas na lavanderia, resolveu algumas outras pendências para ele e decidiu preparar o prato preferido do marido para o jantar.

Sara acreditava que, se conseguisse criar uma atmosfera de intenso amor em sua casa, seria capaz de mudar o comportamento abusivo do marido. Infelizmente, se a resposta aos acessos de raiva de Heitor era ter as suas coisas resolvidas e seu prato favorito preparado para o jantar, por que ele ia querer mudar o modo de tratar a esposa?

A atitude positiva de Sara funciona como uma *recompensa* para o comportamento negativo de Heitor. A prática mostra que os acontecimentos que se seguem a uma ação diminuem ou aumentam a chance de que ela se repita. Ou seja, se Sara trata bem quem a maltrata, ela está ensinando seu agressor a continuar agindo de maneira imprópria.

Ao aceitar o comportamento agressivo de Heitor, Sara transmite a mensagem de que não há problema em tratá-la daquela forma. Se, ao contrário, ela deixasse claro que só seria gentil e atenciosa quando ele a tratasse *com consideração e carinho*, poderia estabelecer um padrão mais positivo.

Tom também acreditava que a gentileza podia superar a grosseria. Ele enviava flores cada vez que a mulher explodia com ele, esperando que o gesto melhorasse o humor dela. Ao contrário, isso só a estimulava a explodir cada vez mais com ele.

Dicas para encorajar atitudes positivas e desencorajar comportamentos ofensivos:

- **Não recompense comportamentos que você quer eliminar.**
- **Siga o conselho do ator Alan Alda: "Seja justo com os outros, mas não sossegue enquanto não forem justos com você."**
- **Aprenda a expressar o que sente.**
- **Se alguém o tratar mal, reclame – não sorria e finja que está tudo bem.**

Bons pais – Parte I

Os Moreira de Castro se esforçavam para ser bons pais. Eles acreditavam que se dessem aos filhos alimentação adequada, roupas e um teto, se os levassem à igreja, os ensinassem a não dizer palavrões e os punissem quando saíssem dos trilhos, estariam cumprindo suas obrigações.

Ser pai ou mãe é talvez uma das missões mais difíceis, desafiadoras e de responsabilidade que alguém pode assumir. Ocorre que não existem escolas preparatórias nem exames que avaliem a competência de cada um no quesito paternidade e maternidade. Basicamente, aprende-se fazendo.

Para atuar na maioria das profissões que têm contato direto com o público, é comum a exigência de licenças ou certificados que só podem ser obtidos após a conclusão de determinados cursos e provas de avaliação. Até para casar é preciso ter uma autorização (infelizmente, no entanto, não exigem como pré-requisito uma prova que ateste a competência do casal!).

Trazer um ser humano ao mundo, no entanto, não requer nada além de dois sistemas reprodutivos em pleno funcionamento – não é preciso nenhum estudo prévio, nenhuma competência específica, nenhuma autorização.

Aprender as habilidades fundamentais da paternidade/maternidade permite que o pai, ou a mãe, seja realmente eficiente, aumentando as chances de os filhos serem bem-sucedidos na vida. Um dos maiores presentes que se pode dar a uma criança é uma bússola (habilidades e fatos) que a ajude a se sair bem na escola e no trabalho, na diversão, no amor e na intimidade.

É pena que a maioria das escolas não inclua no currículo matérias específicas como traquejo social, pensar racionalmente, controlar emoções indesejadas e ser uma boa mãe e um bom pai. Os pais têm de aprender por conta própria como solucionar conflitos, ser firmes e lidar com o estresse. E ainda precisam descartar as técnicas inadequadas de criação que aprenderam com seus próprios pais.

As crianças têm necessidades, personalidades e temperamentos únicos, e não existe um modo "certo" de criar os filhos. Ainda assim, nos próximos dois capítulos vamos dar algumas dicas que podem ser – e são – muito úteis.

Bons pais – Parte 2

Brenda cresceu em uma família bastante liberal, enquanto o marido teve pais rígidos. Cada um tinha seus problemas, mas as coisas se tornaram complicadas quando eles tiveram filhos. As filosofias que queriam adotar na criação eram opostas e as crianças se viam em meio ao fogo cruzado.

Crianças, é claro, não sabem o que é melhor para elas, por isso os pais precisam orientá-las a seguir por direções saudáveis e apropriadas ao convívio social. As dificuldades surgem quando os pais pressionam os filhos a fazerem o que lhes convém, não o que é mais vantajoso para as crianças.

Existe uma grande diferença entre estabelecer o horário das 20 horas para uma criança ir dormir porque ela terá um dia cheio no dia seguinte e insistir para que ela durma cedo para que os pais possam assistir sossegados a um programa de TV.

Muitos pais vêem os filhos como extensão de si mesmos e exigem que eles obedeçam suas instruções sem questionamentos. Não reconhecem que eles têm sua própria maneira de pensar, sua independência e podem agir de acordo com as suas próprias motivações.

Quando os pais são autoritários e exigentes demais, o resultado é um filho rebelde e desafiante, ou ansioso e inseguro.

- **Para o desenvolvimento saudável do ego de uma criança, é necessário que seja ouvida e respeitada, ainda que não concordem com ela.**

Pais excessivamente liberais e tolerantes também não favorecem um bom desenvolvimento do caráter, gerando baixa tolerância à frustração e arrogância. Como em tudo, deve-se buscar o equilíbrio. O segredo é saber quando ser liberal e quando exercer o controle.

- **Estabelecer conseqüências naturais para uma ação é ser tolerante, mas com um propósito.**

Artur se recusou a ir para a cama às 20h30 e o pai o colocou de castigo no dia seguinte. Quando Katia insistiu em ir dormir depois do horário habitual, seu pai lhe disse que no dia seguinte, por mais cansada que estivesse, continuaria tendo de cortar a grama do jardim depois da escola.

Colocar Artur de castigo representou uma conseqüência artificial. Não tinha nada a ver com o horário de dormir e provavelmente injetou uma dose de raiva e ressentimento na relação com o pai.

Já mostrar a Katia que sua escolha de ficar acordada até mais tarde poderia resultar em ter de cumprir suas responsabilidades no dia seguinte mesmo estando cansada permite que a criança veja uma relação entre a ação e o resultado, dando-lhe melhores condições de aprender com os erros.

Bons pais – Parte 3

Sávio queria ser um bom pai, mas cometeu um grave erro. Ele achou que, se brigasse com os filhos – dizendo-lhes que eram burros e incapazes –, isso os motivaria a se empenharem em provar que ele estava errado. Esperava que eles tirassem boas notas e se tornassem pessoas batalhadoras. O que ele conseguiu foi minar a autoconfiança deles.

Ser uma boa mãe ou um bom pai não é fácil. Em geral, eles agem de acordo com a própria experiência e costumam repetir os mesmos erros que seus pais cometeram em sua própria criação.

É preciso dizer que culpar os pais por tudo de errado que acontece na vida dos filhos é injusto e não corresponde à realidade. Todos nós herdamos determinadas tendências sobre as quais nossos pais não têm controle (eles podem nos dar nossos genes, mas não podem mudá-los ainda). Sem contar a influência dos grupos com os quais convivemos, que pode ser maior do que os benefícios de se ter excelentes pais.

Bons pais, porém, podem fazer diferença ao evitarem os erros mais comuns na educação dos filhos, como, por exemplo, fazer com que eles se sintam culpados quando se comportam mal ou quando tiram notas baixas: "Seu vagabundo, com essas notas você nunca vai ser alguém na vida" ou "Eu mandei arrumar o quarto antes de brincar".

Uma criança levada a acreditar que está moralmente errada em função de não ter alcançado determinado resultado pode passar a se ver como uma pessoa ruim. Pode até não conseguir desenvolver sua autoconfiança.

Pais despreparados criticariam e chamariam de "mau" um menininho que atravessasse a rua correndo. Pais sábios o alertariam dos perigos de atravessar a rua sem olhar, mas não brigariam com a criança.

É mais eficaz e menos prejudicial explicar a diferença entre o que a criança faz e o que ela é.

• Não confunda o mau comportamento com a identidade da criança.

Diga, por exemplo, "O que você fez é feio", e não "Você é feio". Há uma imensa diferença entre chamar uma criança de boba, egoísta ou má e dizer-lhe que sua ação foi boba, egoísta ou má.

Por fim, pense no seguinte: se pequenos erros são punidos com grandes castigos, o que restará quando algo realmente grave acontecer?

• Aplique uma punição proporcional à ofensa.

Pense a longo prazo: sua atitude vai ajudar seu filho a tomar decisões saudáveis e independentes ao longo da vida?

A importância da verdadeira amizade

Técio estava sempre tão envolvido com o trabalho e a família que nunca se esforçava para se encontrar com os dois melhores amigos da época da escola e da faculdade. Ele sentia falta da intimidade que tinha com eles, e ficava com uma sensação de perda.

Como diz o antigo dito popular, "a amizade é o melhor presente que alguém pode se dar." Ter um ou dois amigos de verdade acrescenta uma dimensão à vida que aumenta o bem-estar emocional e espiritual.

Muitas pessoas tentam suprir a necessidade de ter amigos tendo muitos *conhecidos*. Mas há consideráveis diferenças entre manter relações amigáveis e ter um amigo de verdade.

Não há nada de errado em ter muitos conhecidos, pessoas com

quem jogamos tênis e boliche, com quem freqüentamos restaurantes e assim por diante. O problema é que quem afirma ter "dezenas de bons amigos" não compreende realmente o que é a amizade.

O verdadeiro companheirismo pressupõe um envolvimento mais qualitativo do que quantitativo. Nossa capacidade de desenvolver relacionamentos de grande afeição é limitada, por isso não podemos ter um grande número de amigos *verdadeiros*, pois não teríamos como sustentar emocionalmente essas relações.

- **Manter um relacionamento exige dedicação, já que um elemento-chave da amizade é se divertir junto.**

Amigos precisam ser cultivados e a amizade exige tempo e empenho sincero, o que não deixa de ser uma operação de risco. Você pode desejar ter alguém como amigo e a recíproca não ser verdadeira.

- **A amizade profunda baseia-se no desenvolvimento do amor e segue as regras de todos os relacionamentos íntimos.**

As mulheres normalmente são mais hábeis que os homens na manutenção de relacionamentos sociais. Elas costumam trocar confidências e conversar sobre seus sentimentos, dois ingredientes fundamentais do verdadeiro companheirismo.

Homens saem mais juntos e costumam conversar sobre tudo, menos sobre suas emoções. Eles procuram preencher todas as necessidades relacionadas à amizade com suas mulheres, acrescentando um peso ao relacionamento. De fato, muitos consideram um bom casamento a melhor relação de companheirismo que se pode ter. Isso até pode ser verdade, porém, todo mundo precisa de um amigo próximo e afetuoso além do cônjuge.

- **As pessoas mais felizes são aquelas que têm um namoro ou casamento bacana e satisfatório e, além disso, um ou dois bons amigos.**

A amizade sincera, assim como toda relação íntima, baseia-se em compartilhar valores, afeto, confiança, respeito e consideração. E em manter um equilíbrio entre dar e receber, sem entrar em competição.

- **Quem possui dois ou três amigos pode ser considerado rico em termos emocionais.**

O escritor Ralph Waldo Emerson deu o seguinte conselho àqueles que desejam ter amigos de verdade: "A única forma de ter um amigo é sendo amigo."

Comunique-se de maneira eficaz

As regras da comunicação eficaz

"Por que será que ele está tão irritado?", pensou Bráulio. "José disse que me emprestava seu trailer. Eu o teria devolvido antes, mas queria limpá-lo primeiro. Se ele não queria que eu o usasse, devia ter falado." A falha de comunicação entre Bráulio e José poderia ter sido evitada se eles tivessem se comunicado de maneira mais direta: a raiva de José, na verdade, se devia a um aspirador de pó enguiçado; não tinha nada a ver com Bráulio.

Todas as pessoas se comunicam de uma forma ou de outra, mas poucas dominam as regras de uma comunicação realmente eficaz. Falhas na transmissão de uma mensagem ocorrem com muita freqüência e são responsáveis por inúmeros mal-entendidos, mágoas, raivas e até situações de divórcio.

A comunicação é um processo ao mesmo tempo ativo e passivo, pois envolve a transmissão e a recepção de mensagens. Falhas podem ocorrer em uma das pontas do processo, ou nas duas.

A comunicação *ativa* eficaz pode ser obtida respeitando-se algumas diretrizes importantes:

- **Certifique-se de ter a atenção da pessoa com quem você quer se comunicar, estabelecendo e mantendo contato visual.**
- **Procure enviar mensagens (verbais e não-verbais) claras e coerentes.**

Para assegurar a harmonia da mensagem, assegure-se de que o

tom e o volume de sua voz estejam de acordo com o conteúdo. Se você estiver satisfeito, pareça feliz e soe feliz; se estiver zangado, pareça incomodado e soe incomodado (mas não grite!).

- **Diga o que você acredita e aja de acordo com o que você diz. Seja direto e sincero, não faça rodeios ou joguinhos.**
- **Peça feedback para se certificar de que a mensagem enviada foi recebida corretamente.**

A comunicação *passiva* eficaz baseia-se em saber ouvir:

- **Olhe para a pessoa que está transmitindo a mensagem e mantenha contato visual.**
- **Balance a cabeça, sorria ou faça qualquer outra coisa que demonstre estar prestando atenção.**
- **Espere que a pessoa complete uma idéia e só então a interrompa para expressar a sua opinião.**
- **Se não tiver certeza de ter compreendido a mensagem, faça perguntas e peça esclarecimentos.**
- **Repita o que a pessoa disser com as suas palavras para verificar se entendeu corretamente.**

Ao seguir essas linhas gerais, você estará melhorando significativamente sua capacidade de se comunicar, promovendo melhor entendimento em seus relacionamentos e aumentando sua qualidade de vida.

Diferenças de gênero na comunicação: fato ou ficção?

"Homens e mulheres são de planetas diferentes e nunca vão aprender a se comunicar nem a falar a mesma língua." Dina fez essa observação em um almoço de negócios. As mulheres presentes concordaram. Fred estava em dúvida, mas Jonas retrucou: "Nem Freud conseguiu descobrir o que as mulheres querem."

Nos últimos tempos tem se dado considerável atenção às diferenças entre homens e mulheres no uso da linguagem. As vendas de livros sobre o tema têm crescido de maneira impressionante e cada vez mais pessoas estão começando a acreditar que uma espécie de abismo intransponível vai eternamente impedir um real entendimento entre os sexos.

Os especialistas afirmam que as diferenças de gênero na comunicação se devem às forças biológicas culturais e sociais que influenciam homens e mulheres de formas desiguais.

Estudos mostram que os homens usam a linguagem como ferramenta para solucionar problemas, ao passo que as mulheres se valem dela para intensificar a intimidade no convívio social. Eles sustentam que os homens abordam as relações sociais e interpessoais do ponto de vista da hierarquia e da dominação e costumam competir mais do que cooperar. As mulheres, por sua vez, veriam os relacionamentos e a estrutura social da perspectiva da comunidade e do consenso, cooperando mais do que competindo entre si.

Assim, se uma mulher relata um problema para um homem, a tendência dele é tentar encontrar uma solução. Quando a situação é inversa, a reação típica feminina é mostrar empatia: "Como você se sente em relação a isso?"

Para muita gente, essas diferenças básicas explicam a maioria dos mal-entendidos e das falhas na comunicação que afetam muitos relacionamentos. Nossa visão é que tais afirmações, tal e qual todas as generalizações e estereótipos, sucumbem sob o peso das diferenças individuais.

Se já foi realizado algum estudo legítimo sobre diferenças de gênero, não o conhecemos. Portanto, não há como determinar a parcela de homens carinhosos que não estão interessados em competir nem a de mulheres motivadas pela dominação e pelo status. Na verdade, esses números mudam diariamente, pois o papel da mulher como força de trabalho no mundo atual difere bastante do que predominava 20 anos atrás.

As pessoas não são escravas da biologia nem peões de um intrincado jogo social. A comunicação eficaz é uma habilidade que pode ser dominada tanto por homens quanto por mulheres. No fundo, nossas semelhanças psicológicas superam em muito qualquer diferença real ou imaginária.

Compreendendo os elementos da comunicação

"Ele nunca me escuta", reclamou Alice. "Nem quando tento falar sobre algo muito importante, como as crianças, ele me dá atenção." Tom se justifica: "Eu quero conversar sobre as crianças, mas o problema é que ela sempre quer falar quando estou fazendo alguma outra coisa e espera que eu pare tudo porque ela quer conversar."

A comunicação é um processo de troca de informações. Tudo o que dizemos e fazemos transmite informações importantes. Por exemplo, se Betty diz a Tom que "está preocupada com as notas baixas de Paulo", ela está expressando seu desejo de falar sobre o desempenho escolar de Paulo. Se a reação de Tom for continuar a ler o jornal, ele estará enviando uma mensagem de que não quer conversar sobre o assunto.

Muitas pessoas enfrentam problemas de comunicação por não saberem escolher a hora certa de falar as coisas. "Minha mulher gosta de conversar assuntos sérios justamente quando estou assistindo à televisão", reclama o marido. "Os momentos que meu marido escolhe para falar comigo são sempre aqueles em que estou ocupada com telefonemas de trabalho", retruca ela.

A comunicação é o único meio de que dispomos para compreender uns aos outros. No caso de pessoas que não possuem deficiências nos sentidos nem limitações vocais, a comunicação oral é o modo mais comum de expressão. Ela pode ser negativa ou positiva e pode assumir a forma verbal e a não-verbal, que utiliza ações para transmitir as informações (tom de voz, expressão facial, gestos...).

Outra dimensão da comunicação é o *contexto* em que ela ocorre, as circunstâncias nas quais ela se dá. Quando você diz "Vou fazer uma caminhada" em meio a uma conversa importante, passa uma idéia bem diferente do que aconteceria se isso fosse dito quando o seu parceiro está feliz lendo um livro ou assistindo à televisão.

Compreender esses elementos básicos da comunicação, e aplicá-los de forma inteligente, pode fazer enorme diferença em seu relacionamento.

Sobre dizer "não"

Quando Orlando pediu emprestado o carro de Álvaro porque o seu estava na oficina e surgiu uma situação de emergência, ficou chocado ao ouvir um "não" como resposta. Orlando mencionou que se Álvaro algum dia precisasse usar seu carro, ele emprestaria com prazer. Álvaro respondeu: "Eu decidi que nunca mais emprestaria meu carro a ninguém."

Orlando não se considera um "ninguém"; ele achava que era amigo de Álvaro. É claro que Álvaro pode ter razões legítimas para não querer que Orlando use seu carro, mas, se valoriza essa amizade, precisa se comunicar mais claramente com o amigo. As conseqüências de dizer "não" arbitrariamente são pesadas.

Tente se lembrar de alguma ocasião em que você tenha feito um pedido razoável – um pequeno favor, talvez – e tenha recebido um "não" como resposta. "Não tem importância", você dirá. Agora procure recordar uma outra vez em que solicitou algo muito importante e que também recebeu um "não". Essa rejeição certamente lhe causou tristeza e não deve ter provocado os melhores sentimentos em relação à pessoa que recusou o pedido.

Quase todos nós reagimos mal quando uma pretensão razoável e legítima nos é negada. Nessas situações, é normal nos sentirmos magoados, zangados e decepcionados. Dependendo da importância daquilo que foi requisitado, há quem fique furioso, revoltado ou profundamente deprimido.

Nossa experiência com pessoas que sistematicamente dizem "não" é que suas vidas viram um caos em conseqüência disso. Quando elas percebem que grande parte dos problemas em seus relacionamentos estão relacionados a esse comportamento negativo, decidem se tornar mais prestativas e atenciosas. Essa decisão mudou suas vidas.

Dizer "não" de forma gratuita acarreta uma grande carga de aborrecimentos entre pais e filhos, chefes e empregados, professores e alunos, amigos e assim por diante. Portanto, se você costumar dizer "não" a tudo e a todos, nós o aconselhamos a:

- **Tentar dizer "sim", a menos que tenha ótimos motivos para o contrário.**

Não estamos dizendo que você deva aceitar tudo. Há momentos em que o melhor a fazer é recusar-se veementemente a atender os interesses dos outros. Mas, se a pessoa está solicitando algo razoável e você valoriza sua amizade, tente reagir positivamente. Você pode se surpreender ao constatar o quanto isso melhora e fortalece o relacionamento.

Não hesite em negar sempre que for necessário ou quando o pedido não for razoável, prejudicial ou inconveniente a você e a outras pessoas. Por outro lado, se uma atitude mais cooperativa trouxer benefícios para o relacionamento e não for prejudicar ninguém, por que não dizer "sim"?

Liberte-se das mágoas e dos ressentimentos do passado

Haroldo e Márcia estavam no consultório para a sessão semanal de terapia de casal. Márcia disse, com amargura: "Estávamos jantando com minha irmã e meu cunhado e Haroldo fez críticas intoleráveis a eles e os ofendeu muito." Márcia estava visivelmente aborrecida com a situação e deu a impressão de que se tratava de um acontecimento recente. Haroldo disse: "E se eu lhe disser que isso aconteceu há mais de oito anos?"

Márcia cometeu um erro comum, porém bastante sério, que é remoer um acontecimento do passado. Não é construtivo lembrar de coisas desagradáveis que o parceiro fez. Revirar o baú de antigos aborrecimentos só é válido sob dois aspectos: a possibilidade de aprender com os erros cometidos e o prazer de reviver experiências agradáveis.

Ressuscitar incidentes desfavoráveis provoca distanciamento e ressentimento, podendo inclusive causar discussões destrutivas. Se o evento foi tão ruim a ponto de justificar o término do relacionamento, então que seja. Mas, se você escolheu continuar com a relação, mude seu modo de agir:

- **Não há nenhuma vantagem em continuar punindo o parceiro por acontecimentos do passado.**

Se você quer que seu parceiro o compense pelo que fez, diga a ele o que deseja de maneira firme, porém delicada. Continuar se sentindo magoado só irá destruir você e o relacionamento.

- **É melhor dizer o que sente, resolver o problema e esquecer.**

Pare de tocar no assunto. Neutralize os sentimentos ruins. Para isso, trate de diminuir a importância do ocorrido. Tente avaliar se teve alguma responsabilidade no incidente. Pergunte-se o que está ganhando ao acumular tanta mágoa. Ficar preso a ressentimentos e recusar-se a se libertar deles não ajuda você nem a ninguém.

É bom lembrar que estamos nos referindo a acontecimentos isolados. *Padrões* são uma outra história.

- **Se o problema diz respeito a um hábito repetitivo e contínuo, é preciso agir rapidamente.**

No caso de padrões de comportamento ofensivo e destrutivo, você tem todo o direito de esperar que seu parceiro mude de atitude. Caso contrário, talvez seja melhor considerar a hipótese de encerrar o relacionamento, sobretudo se alguma forma de violência estiver envolvida.

Os perigos da generalização

Quando Heloísa observou que "Marcos é brilhante", ela estava se referindo às estratégias inteligentes dele na quadra de tênis. Aníbal retrucou, dizendo: "O Marcos não me parece muito inteligente." Ele se referia ao fato de que Marcos não é culto nem intelectual.
Tanto Heloísa quanto Aníbal estavam generalizando.

Se Heloísa tivesse dito que Marcos é um jogador de tênis brilhante, Aníbal não teria motivo para contradizê-la. Toda vez que fazemos uma declaração genérica, corremos o risco de distorcer os fatos e transmitir uma informação incompleta.

"Você é maravilhosa", "Você é um idiota" e "Você é brilhante" são afirmações vagas. "Você é egoísta" dá a entender que a pessoa sempre faz escolhas baseadas no seu próprio interesse, em detrimento das necessidades e desejos dos demais.

Declarações assim costumam ser proferidas após acontecimentos específicos. Por exemplo, Geraldo estava incomodado porque sua mulher revelou informações pessoais sobre o irmão dele a vários amigos. Em vez de reclamar: "Você é uma fofoqueira", teria sido bem mais produtivo se ele tivesse dito: "Eu não quero que você fique falando com seus amigos sobre os problemas do meu irmão."

Ninguém é do mesmo jeito 100% do tempo. Se uma pessoa faz escolhas egoístas 20% das vezes, ela *não é egoísta* 80% do tempo. Para não ser injusto, é melhor ser específico. "Você agiu de maneira egoísta na festa da Sílvia quando se recusou a dividir uma enorme fatia de torta com seu amigo Tomás." A mesma coisa vale para a afirmação: "Você é um idiota." Opte por deixar que a pessoa saiba que ação você está criticando: "O comentário que você fez com a Ana sobre a mãe dela me pareceu bem inconveniente."

• **Comunique-se do modo mais específico possível.**

Generalizações normalmente são falsas e podem causar constrangimentos e mágoas. Alguém pode ser maravilhoso e brilhante em matemática, mas deficiente em outros temas. Assim, uma declaração do tipo "Você tem um vocabulário maravilhoso e muito jeito com as palavras" transmite muito mais do que "Você é muito inteligente".

O mesmo se aplica a declarações genéricas sobre si mesmo. "Eu sou uma boba", "Nunca faço nada direito" e "Sou um gênio".

• **Fazer algo egoísta ou tolo não o transforma em egoísta ou tolo.**

Da mesma forma:

- **Fazer algo generoso ou brilhante não o transforma em generoso ou brilhante.**

Quando você estiver no outro lado do balcão, peça que as pessoas sejam específicas. Se você for alvo de comentários negativos, não se ofenda ou faça retaliações ("Você também não é nem um pouco inteligente!"), pois não é tão produtivo quanto dizer: "Você poderia ser mais específico?" Isso costuma levar a pessoa a repensar sua colocação e a expressá-la em termos mais construtivos.

Declarações na primeira pessoa

"Você nunca chega em casa na hora certa. Acha que tudo deve ficar em função dos seus horários, mas o restante da família não pode ficar sempre esperando por você. Você não tem um pingo de consideração." Sheila estava farta de repreender o filho Ian, de 14 anos, por ele se atrasar para o jantar. No entanto, por mais que reclamasse, ele raramente chegava na hora, o que provocava uma briga.

Como você fala é tão importante quanto *o que* você fala. Se a idéia é reduzir a tensão e as discussões inúteis, vale a pena aprender a usar a primeira pessoa em vez da terceira.

A diferença entre um discurso e outro é simples. Preste atenção ao modo de falar de Sheila: "Você nunca... Acha... Você não tem..." Tudo na terceira pessoa. Se ela falasse na primeira pessoa, sua frase seria assim: "Fico muita zangada quando preparo o jantar para a família e temos que ficar esperando."

Eis um outro exemplo típico: "Você é egoísta e autocentrado, quer sempre ser servido e sequer ajuda a lavar a louça." Trata-se de uma mensagem na terceira pessoa. Veja a mesma mensagem feita na primeria pessoa: "Eu ficaria muito feliz se você me ajudasse com as tarefas domésticas, principalmente com a louça."

A menos que você esteja elogiando alguém, qualquer coisa dita na terceira pessoa incita à briga. Na verdade, as frases que começam com "você" costumam ser hostis. Até declarações gentis, quando feitas na terceira pessoa, são diferentes daquelas feitas na primeira pessoa.

Compare as seguintes mensagens: "Você podia ligar para sua mãe mais do que uma vez por mês, sabe?" versus "Acho que a sua mãe ia adorar se você ligasse para ela com mais freqüência". Repare que a frase na primeira pessoa evita o tom crítico. Qual declaração tem mais chance de fazer a pessoa cooperar voluntariamente? Com certeza a segunda, que não faz exigências.

- **Use a primeira pessoa para expressar seus desejos e evite fazer críticas na terceira pessoa.**

Sinta o impacto das mensagens: "Por que você não se levanta daí e me ajuda com a roupa suja" versus "Eu ia adorar se você me ajudasse com a roupa suja". A fórmula básica é: "Eu sinto X quando você faz Y", ou seja, a fórmula apenas mostra aos outros como você se sente. Para ter relacionamentos amorosos, prazerosos, íntimos e gratificantes, ela é de grande ajuda. Mas quantas vezes você já ouviu alguém dizer: "Se Johnny falasse comigo de outro jeito, eu o ajudaria de boa vontade, mas quando ele me ofende (com uma declaração na terceira pessoa) eu desanimo completamente."

- **Se você aborda alguém de maneira arrogante, hostil e crítica, não vai atrair muita simpatia – muito menos conseguir ajuda.**

As conseqüências de uma comunicação hostil são sempre negativas.

- **Pessoas que sempre falam na primeira pessoa tendem a ser mais felizes e a se dar bem com os outros.**

Falsos pedidos de desculpas

Quando Gregório se sentia injustiçado, ficava satisfeito se a pessoa dissesse simplesmente: "Me desculpe." Essas duas palavras absolviam o culpado. Mas ele ficava furioso quando a pessoa se recusava a se justificar. Aparentemente, ele considerava essas palavras mágicas, mas não se dava conta de que as pessoas estavam se aproveitando dele.

Há pessoas que fazem questão de ouvir um pedido de desculpas e ficam bastante aborrecidas quando o outro se recusa a pronunciar as palavras mágicas. Sinceramente, é difícil entender por que tanta gente insiste nisso. Há até quem se justifique e peça perdão, mas sem acreditar realmente no que está falando. E pior... sem mudar de atitude.

Se alguém feriu, magoou, ofendeu, incomodou outra pessoa ou agiu mal de alguma forma, o melhor a fazer é:

- **Corrigir o erro com *ações*, não apenas com palavras.**

Um pedido de desculpas é um bom começo, mas a pergunta que deve ser feita é: "O que você vai fazer a respeito disso agora e no futuro?" Muitas pessoas parecem acreditar que podem se comportar mal desde que se desculpem posteriormente. Não enxergam a importância de evitar a repetição dos mesmos erros no futuro.

É o que André fez. Depois de dar um desfalque em um amigo, ele pediu desculpas. Palavras vazias como "Sinto muitíssimo", "Lamento muito" e "Por favor, me perdoe" são muito usadas por pessoas inescrupulosas que se mostram penalizadas, arrependidas mesmo, sem que isso signifique absolutamente nada.

É claro que, em certos casos, o arrependimento é sincero e o pedido de desculpas suficiente. Porém, o mais importante é descobrir o que podemos fazer para nos assegurarmos de que o erro não volte a acontecer. Essa postura é fundamental. É fácil lamentar o ocorrido e dizer que sente muito, mas o que realmente vale é corrigir a mancada e não repeti-la no futuro.

- **Pedidos de desculpas só têm mérito se a pessoa estiver disposta a mudar de atitude.**

Se você agiu de modo que os outros consideraram indelicado ou ofensivo, vale a pena desculpar-se (especialmente se você dá valor ao relacionamento). Entretanto, é essencial estar consciente de que os pedidos de desculpas não passam de palavras – as ações falam mais alto.

Um olhar crítico

"Não entendo por que ela é tão sensível. Eu só estava tentando fazer uma crítica construtiva, mas parece que matei seu gato ou coisa parecida."
O hábito de criticar os outros tinha custado outro namoro a Marcelo. Com um divórcio no currículo, ele parecia ter dificuldades para fazer amigos e para avançar na carreira.

A maioria das pessoas é bastante sensível e se aborrece quando tem seus defeitos apontados. O processo é uma rua de mão dupla, partilhada igualmente por quem critica e por quem é criticado.

Mesmo quando a intenção é fazer uma crítica construtiva, os mais sensíveis reagem com raiva, tristeza ou culpa, sobretudo quando a apreciação é feita de um modo que deixa o outro na defensiva.

Felizmente existem duas maneiras de fazer críticas construtivas e não acionar sentimentos negativos na pessoa que está sendo criticada. A primeira é:

- **Em vez de apontar algo de negativo no presente, peça uma mudança específica no futuro.**

Nada de reclamar: "Você esqueceu a luz do corredor acesa de novo." Experimente dizer: "Daqui para a frente, por favor, lembre-se de apagar a luz do corredor." Em vez de "Gostaria que você parasse de desperdiçar o nosso dinheiro!", diga: "No futuro, vamos planejar nossos gastos."

A segunda maneira de fazer críticas construtivas é o que chamamos de método-sanduíche:

- **Insira a crítica entre dois comentários positivos.**

Em vez de ir direto ao ponto – "Você fez um péssimo relatório" –, aplique o método-sanduíche e diga: "Você escreveu uma ótima introdução, mas o miolo e a conclusão estão um pouco fracos. Com um pouco mais de trabalho, tenho certeza de que você vai transformá-lo em um ótimo relatório."

Criticar é uma habilidade que, como qualquer outra, pode ser dominada por meio de aprendizado e prática. Costuma ser mais produtivo solicitar uma mudança no futuro do que enfatizar algo negativo no presente. "De hoje em diante, por favor, lembre-se de colocar a louça na máquina e não na pia."

Quando se deseja cooperação, solicitações geram melhores resultados do que comentários depreciativos e declarações negativas.

Também é importante:

- **Refletir se a crítica é realmente necessária antes de fazê-la.**

A pessoa em questão se beneficiará dos seus comentários? No caso de Marco, seria preferível que guardasse as críticas para si mesmo. As pessoas não levam muito em conta as opiniões de alguém que critica os outros o tempo todo.

Sendo alvo de críticas

"Parece que para onde eu olho tem sempre alguém reclamando ou pegando no meu pé", esbravejou Gustavo. E completou: "Meu chefe implica com todos os relatórios que entrego. Minha mulher não gosta da maneira que eu dirijo. As crianças odeiam a minha comida." A tendência de Gustavo, de reagir desproporcionalmente ao mínimo sinal de crítica, lhe causava um sofrimento desnecessário. Um simples comentário de seu filho David, "Pai, eu não gosto de mostarda no cachorro-quente", gerou 10 minutos de queixas pela "ingratidão dos filhos".

Quem consegue passar pela vida sem ser alvo de críticas? Ninguém. Ainda assim, pouquíssimas pessoas sabem reagir adequadamente a comentários negativos e tirar proveito deles.

Basicamente, as críticas podem ser divididas em três categorias: construtivas, destrutivas ou irrelevantes. Vamos analisá-las:

Críticas irrelevantes devem ser ignoradas. Algumas pessoas só vêem defeitos em tudo e em todos, criticando até coisas que nada têm a ver com a situação em que se encontram: "... e a sua irmã tem joelhos ásperos." Comentários irrelevantes como esse não merecem resposta nem qualquer reação emocional de sua parte. Ao ignorá-los você desencoraja quem fez a crítica e deixa claro que sua atitude não foi bacana.

Críticas destrutivas geralmente surgem como ataques, humilhações e tentativas de destruição da personalidade. "Você é um porco egoísta", "Você é uma pessoa asquerosa" ou "Você é burro e incompetente". Se algum dia você ouvir esse tipo de comentário, procure ter em mente que há algo de errado com o autor e não com você. Quando uma pessoa racional e sensata exagera no tom, é porque possui algum problema psicológico. É bobagem levar a sério tais críticas ou lhes dar qualquer crédito. Em vez disso, peça que a pessoa esclareça o que disse. "Por que você acha que sou burro e incompetente?" A resposta poderá ser surpreendente: "Bem, você esqueceu de enviar um e-mail com cópia para mim e também cometeu dois erros ao somar os recibos do dia." Cometer um ou outro erro não transforma ninguém em burro e incompetente.

Críticas construtivas podem ser úteis porque tratam do que interessa. "Acho que você deve ficar mais atento, pois deixou de me enviar um e-mail importante e cometeu dois erros ao somar os recibos." Se a crítica for construtiva, aprenda com ela. Se for destrutiva e você puder desafiar quem o criticou sem se meter em encrenca, vá em frente. Se for irrelevante, ignore-a.

Muitas pessoas bem-intencionadas, sensíveis e inteligentes não têm idéia de como fazer uma crítica construtiva. Na verdade, elas às vezes nem percebem quando estão sendo negativas. Em vez de ficar ofendido e se recolher em seu sofrimento, uma boa idéia é mostrar a diferença entre um comentário construtivo e um destrutivo.

Por exemplo, se Hélio diz a Reinaldo que ele não passa de um idiota, Reinaldo pode reagir, perguntando: "Ei, Hélio, você sabe a diferença entre crítica construtiva e negativa?" Não espere que Hélio mude a abordagem e se desculpe pelo insulto e peça ajuda para mudar de estilo. Basta mencionar a diferença entre os dois tipos de crítica. Se Hélio não for um imbecil, captará a mensagem.

Linguagem emocional negativa

Alan e Clara namoravam há meses quando tiveram a primeira "briga séria". Eles tinham ido a uma festa em que Alan dançou com Clara a maior parte do tempo, mas também convidou outras duas mulheres para dançar. "Ele estava se jogando em cima de todas as mulheres. Queria dançar com todo mundo, menos comigo", exagerou Clara.

Existe uma diferença fundamental entre linguagem descritiva e linguagem emocional. O modo de expressão que reproduz algo ou alguém detalhamente é racional, preciso e claro. Em geral, ele apresenta uma declaração simples e emocionalmente neutra sobre um evento ou uma pessoa: Alan dançou com outras duas mulheres. Ponto.

A linguagem emocional é mais adequada à manifestação de sentimentos positivos: "Eu amo você", "Eu adoro você" e "Você é maravilhoso". A linguagem emocional negativa, porém, causa danos aos relacionamentos.

A linguagem emocional negativa costuma ser acusatória e envolve conclusões erradas. Um exemplo: João chegou em casa do trabalho e encontrou um bilhete da mulher, Rita, avisando que tinha ido assistir a uma palestra e que não tinha preparado o jantar. Como João descreveu a cena? Ele disse: "Ela me abandonou, saiu e me deixou plantado." Nós retrucamos: "Ela apenas saiu uma noite e avisou que você precisava preparar o seu jantar."

Quanto mais insegura for a pessoa, maior a probabilidade de usar a linguagem emocional negativa. Não há evidências de que Alan realmente quisesse dançar com "qualquer mulher, menos com Clara."

Pessoas inseguras precisam de um trabalho terapêutico considerável, mas o primeiro passo é incentivá-las a trocar a linguagem emocional negativa pela linguagem descritiva. Só assim elas poderão superar suas dificuldades e desenvolver relacionamentos mais prazerosos.

Confiança, agressividade e passividade

A chefe de Arthur o chamou à sua sala porque queria conversar com ele. "Você precisa aprender a controlar seu temperamento", ela avisou. "Estou começando a duvidar se posso confiar no seu profissionalismo para lidar com os pacientes. Parece que você guarda as coisas até não agüentar mais e então explode."

Muitas pessoas pensam que estão se comportando de maneira confiante e decidida quando, na verdade, estão sendo agressivas e extremamente rudes.

Apesar da enorme variedade de livros ensinando como desenvolver a autoconfiança, e dos treinamentos voltados para essa finalidade, é impressionante como tantas pessoas ainda se comportam no estilo "guardar ou explodir".

Elas não costumam reagir aos aborrecimentos logo que eles surgem. Ao contrário, em geral não dizem nada, represam os sentimentos e, um dia, quando se encontram diante de uma pequena contrariedade, explodem. Quem manifesta seu descontentamento desde o início mantém sua vida livre de ressentimentos e sua relação com as pessoas muito melhor.

Muita gente se engana pensando que não vale a pena demonstrar seu incômodo com coisas pequenas: "Por que fazer com que os outros me achem implicante e hipersensível?" A passividade, no entanto, é um grave erro. As pessoas que se orgulham de ser reservadas são, na verdade, impermeáveis, pois somente quando deixamos que os outros conheçam nossos sentimentos (positivos e negativos) é que podemos desenvolver relacionamentos íntimos e afetuosos.

- **Se algo significativo está perturbando você, desabafe.**
- **Demonstre todas as suas emoções positivas (amor, amiza-**

de, apreço, admiração, respeito e gratidão) de forma confiante.
- **Corra mais riscos em termos emocionais.**

Não deixe de expressar seus sentimentos por sentir vergonha, constrangimento ou medo. Deixe os outros conhecerem suas emoções e veja a enorme contribuição que isso vai trazer para a sua vida.

Sobre o excesso de privacidade

"Ao contrário de muita gente que conheço, nunca me meti em encrenca por manter a boca fechada", vangloriava-se William. "Mas minha namorada diz que está cansada de tentar 'arrancar informações de mim'. Não quero perdê-la, mas será que ela não pode se acostumar com o fato de que sou uma pessoa muito reservada?"

Em geral quem se autodeclara uma pessoa muito reservada tem um temperamento retraído, fechado, e muralhas impenetráveis ao seu redor.

As pessoas ficam aborrecidas quando acham que seu espaço foi invadido. É uma reação normal e compreensível. Afinal, o direito à privacidade faz parte da democracia e da liberdade. Todo mundo tem o direito de decidir em quem confiar e o que confidenciar às pessoas. Ninguém gosta da idéia de ser espionado e ter as informações pessoais expostas ao conhecimento público.

O problema são as reações exageradas por parte daquelas que se consideram "extremamente reservadas". Diante de uma pergunta simples como "O que você comeu no café da manhã?", essas pessoas podem responder com agressividade: "O que você tem com isso?"

• **Pessoas que gostam de falar o que pensam são mais saudáveis do que os tipos "reservados".**

Abra algumas portas e janelas em sua muralha de proteção. É verdade que você tem direito à privacidade, porém manter-se isolado demais pode deixá-lo ansioso e deprimido. Além disso, comportar-se com extrema discrição pode levar à solidão, o que não é uma coisa atraente para fazer novos amigos nem para dar e receber amor.

• **Arrisque-se. Deixe que as pessoas se aproximem.**

Não tome como bons exemplos as pessoas indiscretas, que contam a qualquer um a história de sua vida, revelando sem mais nem menos seus sentimentos mais íntimos.

As vantagens de uma personalidade mais aberta e transparente

Penélope nunca tinha contado aos amigos sobre sua dependência de drogas, da qual se livrara 10 anos atrás. Achava que se eles soubessem perderiam a admiração por ela. Mas sentia-se vivendo uma farsa e decidiu arriscar e se abrir. "É incrível. Achei que isso afetaria minhas amizades, mas, em vez disso, elas só melhoraram. Agora as pessoas também me contam mais sobre si mesmas e estamos mais próximas que antes", alegrou-se.

São claras as vantagens de uma personalidade mais aberta e transparente. Não existe amor sincero ou relacionamento sem o compartilhamento de intimidades e confidências. A vida seria chata e sem graça se não corrêssemos alguns riscos emocionais.

Muitas pessoas descobriram que, ao revelar algo pessoal, talvez até vergonhoso, os outros são solidários: "Eu me sinto da mesma forma" ou "Fiz algo parecido". Essa identificação emocional acaba com o isolamento e pode ser bastante gratificante.

Obviamente há situações em que as pessoas não se mostram receptivas. Se uma revelação pessoal resultar em censura no lugar de conforto, releia o capítulo "Sendo alvo de críticas" e reflita sobre o que foi ali tratado.

Muita gente mantém uma atitude reservada no que se refere a amizades e outros relacionamentos e sente falta da alegria que advém de uma troca sincera. Uma das maneiras mais eficientes de adquirir conhecimento é abrir-se a quem for de sua confiança e pedir a sua opinião.

Não estamos aconselhando você a colocar o coração na vitrine nem a revelar seus pensamentos e opiniões a qualquer um. Algumas pessoas são traiçoeiras, porém não é difícil saber quem é confiável, quem está a seu favor e quem está contra você.

Se você é aceito pelo que as pessoas pensam que você é, e não por quem é de fato, você vai se sentir inseguro, quase um impostor. Vale a pena construir uma relação de confiança ao expressar de modo seletivo seus verdadeiros sentimentos.

Quando você se esconde dos outros, acaba não desfrutando da riqueza de um relacionamento íntimo e afetuoso, além de se afastar de sua verdadeira natureza.

- **Ser amado pelo que se é (incluindo suas falhas e limitações), e não por uma imagem idealizada, é o caminho para a realização pessoal e interpessoal.**

Combata o estresse e a ansiedade

Estresse

"Benício, não vou pedir que você faça mais exames", afirmou o Dr. Müller. "Seus sintomas físicos parecem ser resultado do estresse. No entanto, recomendo que você faça terapia. Você precisa aprender a administrar o estresse."

Estresse é um termo que foi usado inicialmente na física e significa literalmente a pressão ou a tensão que distorce um corpo. Do ponto de vista psicológico, ele pode ser encarado como um processo que nos desafia a nos ajustarmos ou a suportarmos alguma situação.

O estresse pode se originar do ambiente que nos rodeia, do nosso corpo ou da nossa mente. A tensão que está relacionada ao meio em que se vive pode ser causada por poluição, ruídos e aglomerações. Já a que está relacionada ao corpo é originada por doenças, lesões ou algum tipo de fadiga.

- **Grande parte do estresse se deve a pensamentos negativos e raciocínios incorretos – são criações de nossa própria mente.**

Uma certa dose de estresse pode ser até benéfica, na medida em que nos motiva a agir e a nos empenhar, porém o estresse agudo ou crônico pode nos causar problemas físicos e psicológicos. Estudos científicos constataram diversos efeitos nocivos à saúde. No Japão existem registros até de mortes em conseqüência de trabalhos extenuantes.

Pressão alta, enxaquecas, problemas de digestão, ansiedade, depressão e pânico estão muitas vezes relacionados ao estresse. Algumas pesquisas indicam a possibilidade de que certos distúrbios do sistema imunológico também tenham origem nas situações de extrema tensão.

Como cada pessoa possui características únicas, é preciso escolher um método de combate ao estresse que atenda as necessidades, intensidades e limitações individuais. Há quem se beneficie de técnicas de relaxamento, outros de exercícios físicos e esportes, ao passo que muitos tiram proveito de treinamentos sobre como identificar e mudar pensamentos e modos de pensar estressantes. Há ainda os que precisam de um pacote com diversas técnicas.

- **Descubra tudo o que causa estresse em sua vida e aprenda a administrar as tensões.**

Os estágios do estresse

Os amigos de Rachel concordavam que ela era determinada e bem-sucedida. Infelizmente, porém, seu sucesso foi obtido à custa da própria saúde, pois ela não prestava atenção a vários sinais de que estava se exigindo demais.

A primeira pessoa a usar o termo estresse referindo-se a processos fisiológicos foi o endocrinologista Hans Selye, que dedicou anos ao estudo dos efeitos do estresse em animais. Selye desenvolveu uma classificação, que denominou "síndrome geral de adaptação", para descrever as três fases por que um organismo passa quando submetido a um estresse crônico ou inevitável.

Segundo Selye, o primeiro estágio é uma reação de alarme que leva o animal a tomar uma atitude imediata e vigorosa para escapar do causador do estresse ou para enfrentá-lo. Também é conhecida como reação de defesa – de luta ou de fuga –, pois envolve uma rápida e complexa cascata de alterações bioquímicas cujo resultado é o bombeamento de diversos hormônios do estresse para a corrente sangüínea.

O estágio seguinte é o de resistência. Ele ocorre quando a reação de alarme mostra-se insuficiente. Nesse estágio, o corpo se esforça para resistir ao violento ataque do estresse mantendo-se ativo e em um específico padrão metabólico que mantém altos os níveis de certos hormônios.

Se o estresse continuar, o animal entra no estágio final, que é a "fase de exaustão". Isso acontece quando o organismo fica sem combustível para reagir, ou seja, sem reservas de energia física, emocional, intelectual e química. Como conseqüência, uma série de problemas de saúde relacionados ao estresse crônico.

A conclusão é simples:

- **Aprenda a administrar o estresse antes que ele cause danos à sua saúde e prejudique a sua felicidade.**

As pressões do dia-a-dia

O trabalho de Edson como vendedor era extremamente cansativo. "Não paro desde a hora em que chego até o momento em que vou embora. O mais louco é que eu sinto que a minha vida pessoal é igualmente estressante. Eu me sinto entre a cruz e a espada."

Atualmente, as pessoas estão mais ocupadas e sob pressão do que nunca. Estão constantemente tendo de lidar com tarefas inacabadas, músculos tensionados, prazos apertados, acusações de erros, fadiga, sono interrompido e aborrecimentos com as finanças.

Houve uma época em que o tempo passava mais lentamente e as pessoas se divertiam lendo um bom livro, relaxavam, desaceleravam e aproveitavam os benefícios do "lar, doce lar". Não se falava muito em estresse.

Há quem seja mais exigido em casa do que no ambiente de trabalho: cuidados com os filhos, horários apertados, coisas a resolver, faxina, roupas para lavar e passar e a preocupação de fazer tudo caber no orçamento.

Mas há também quem tenha o hábito de levar para casa os problemas relacionados ao trabalho. Isso acontece quando o envolvimento com o trabalho é excessivo. Mesmo quando tem a oportunidade de relaxar, esse tipo de pessoa não consegue fazê-lo, pois não é capaz de deixar de lado as preocupações profissionais e ser mãe, pai ou cônjuge por inteiro.

Aconselhamos nossos pacientes a não ouvir as mensagens na secretária eletrônica, e sim a ajudar os filhos com o dever de casa ou o parceiro nas tarefas domésticas.

- **A maioria das pessoas precisa de um "período de descompressão" ao voltar para casa após um dia de trabalho.**

A fim de evitar a sensação de náusea, seu retorno para casa após as tensões do dia de trabalho deve ser o mais gradual e tranqüilo possível. Veja, em seguida, algumas idéias para ensiná-lo a relaxar:

- **Entre em uma banheira de água quente ou tome uma ducha morna.**
- **Deite-se e tire um cochilo.**
- **Ouça sua música favorita.**

Essas providências o ajudarão a deixar as preocupações para trás. Se você evitar embarcar no ritmo alucinante das exigências cotidianas, conseguirá repor a energia e, assim, estará em melhores condições de cumprir suas tarefas. Só fale de seu dia agitado ou frustrante (ou ouça a ladainha de alguém) depois de se reenergizar. Eis algumas opções:

- **Tome uma bebida refrescante.**
- **Sente-se um pouco na varanda, no deque, no quintal ou em outro local calmo.**
- **Reserve um tempo para você.**
- **Pense nas coisas divertidas que viveu.**
- **Tente dar um toque bem-humorado ao dia.**
- **Mantenha o tom positivo contando primeiro as coisas boas que aconteceram naquele dia.**

Evitando o esgotamento físico

"Você precisa diminuir o ritmo e parar de se estressar", avisou Sylvia, mulher de Lourenço. "As crianças e eu nunca o vemos. Trabalhar tantas horas vai acabar com você." Sua previsão quase se concretizou: Lourenço foi parar no hospital após desmaiar no local de trabalho.

O estresse, hoje, faz parte do cotidiano de todo mundo. Ele está presente no dia-a-dia de todos os workaholics, que exageram tanto na jornada de trabalho que acabam entediados, cansados, apáticos, desmotivados, deprimidos e doentes.

Não é preciso muito para que algumas pessoas se sintam assim, esgotadas. Todo mundo reage de maneira diferente ao estresse, aos prazos curtos, às pressões e exigências, à monotonia e também à responsabilidade.

O que é agradável para uma pessoa pode ser extremamente irritante e perturbador para outra. Ainda bem que existem algumas táticas que todo mundo pode usar para evitar a exaustão física e mental.

- **Avalie suas metas e prioridades. Qual é o seu objetivo na vida?**
- **Cultive outros interesses além do trabalho.**
- **No trabalho, procure fazer coisas que tenham um significado pessoal.**
- **Transforme sua vida naquilo que você quer que ela se torne.**
- **Seja criativo. Torne seu trabalho o mais variado possível.**
- **Cuide da saúde: durma o suficiente, pratique exercícios, alimente-se bem e relaxe.**
- **Jamais coloque a saúde em risco por causa do trabalho.**
- **Aprenda como reduzir o estresse no trabalho e em casa.**
- **Não hesite em pedir o que deseja, mas saiba que nem sempre vai conseguir.**
- **Delegue responsabilidades sempre que for possível; não carregue o mundo nas costas.**
- **Não assuma a responsabilidade dos outros.**
- **Tome cuidado e livre-se de qualquer perfeccionismo.**
- **Conheça seus próprios limites e imponha limites aos outros.**
- **Nas fases mais difíceis, tente formar um grupo de apoio com os colegas para compartilhar os sentimentos e buscar soluções para diminuir a frustração.**
- **Aprenda a perdoar seus próprios erros ou corra o risco de não viver de acordo com seus ideais.**
- **Considere procurar um terapeuta para ajudá-lo em seu desenvolvimento pessoal e na administração do estresse.**

Crises de pânico

"O que há de errado comigo?", questionava Tânia. Ela havia se submetido a inúmeros exames, mas o médico não conseguia encontrar uma explicação para o que se passava com ela. "Se não estou doente, então o que está causando essas sensações horríveis? Não consigo respirar e parece que meu coração vai sair pela boca."

Você está se sentindo bem e, de repente, é dominado por uma sensação intensa de medo – sente tontura, um aperto no peito e dificuldade de respirar; o coração dispara, você treme, sente formigamento e náusea e começa a suar frio. Parece um ataque cardíaco, certo? Errado! Trata-se de uma *crise de pânico*.

Esse quadro é associado a uma série de sintomas físicos assustadores que ocorrem de maneira intermitente e aleatória. Várias vítimas de crises de pânico correm para o pronto-socorro acreditando estar sofrendo um ataque cardíaco ou um acidente vascular cerebral (AVC).

Os sintomas descritos anteriormente (e diversas outras sensações negativas que acompanham as crises de pânico) fazem com que as pessoas acreditem estar enlouquecendo ou à beira da morte. No mínimo, elas acham que sofrem de alguma doença não diagnosticada.

O primeiro passo é persuadi-las de que esses pensamentos aterrorizantes são falsos e que os desconfortos sensoriais correspondem ao diagnóstico da crise de pânico.

Por mais assustador que seja, o transtorno tem tratamento e costuma responder à terapia feita com psicólogo, requerendo medicação somente em alguns casos.

Se você sofre do problema, há várias medidas a serem tomadas:

- **Peça ajuda ao médico da família ou procure ajuda especializada (psicólogo ou psiquiatra).**

- **Aprenda a fazer respiração corretiva e relaxante.**
- **Saiba que as sensações físicas do pânico são controláveis e nada ameaçadoras.**
- **Induza os sintomas propositalmente, em situações sobre as quais você tenha controle, de modo a aprender como reduzi-los.**

Se não forem tratadas, as crises de pânico podem levar a um distúrbio chamado *agorafobia* (medo de estar em espaços abertos ou lugares públicos), uma ansiedade incapacitante que leva ao isolamento e confinamento.

Transtorno Obsessivo-Compulsivo

Toda noite Aluizio programava o alarme do relógio para tocar às cinco horas, embora não precisasse chegar ao trabalho antes das 8h30 e morasse a apenas alguns quarteirões de distância. Ele era atormentado por vários rituais que lhe tomavam horas todas as manhãs. Sentia-se compelido a fazer elaboradas sessões de limpeza seguidas de verificação, arrumação e rearrumação dos objetos da casa.

É perfeitamente normal conferir as coisas mais de uma vez e se preocupar se determinadas tarefas foram cumpridas adequadamente e com segurança. Por exemplo, se as portas foram trancadas, se o forno foi desligado e se o despertador foi ativado.

Algumas pessoas, contudo, passam tanto tempo comparando e verificando cada detalhe de seu dia-a-dia, e experimentam tamanha preocupação e ansiedade caso não o façam, que suas compulsões interferem seriamente em suas vidas e no seu bem-estar emocional.

Elas podem estar sofrendo de um distúrbio chamado Transtorno

Obsessivo-Compulsivo (TOC). As obsessões são idéias, imagens, impulsos e pensamentos invasivos, recorrentes e persistentes, geralmente assustadores e sem sentido, que criam altos níveis de ansiedade.

As compulsões são comportamentos repetitivos e intencionais que acontecem em resposta a uma obsessão, de acordo com certas normas ou seguindo um ritual. O objetivo da compulsão é neutralizar ou prevenir a ansiedade ou algum acontecimento ou situação aterrorizante.

Na maioria das vezes, as vítimas do TOC reconhecem que suas compulsões são irracionais e exageradas, mas ainda assim se sentem impotentes para resistir a elas.

O TOC assume diversas formas. Além da obsessão com segurança ou responsabilidade, o que provoca a compulsão por conferir as coisas repetidamente, algumas pessoas se tornam fixadas em sujeira, germes, contaminação e doenças, e, conseqüentemente, se lavam e limpam a casa compulsivamente. Outras ficam perturbadas por pensamentos indesejáveis ou absurdos. É comum que cumpram rituais envolvendo a contagem, arrumação ou toques em objetos ou em si mesmas, de acordo com regras bastante específicas.

O TOC era considerado um distúrbio raro e estranho, mas hoje sabemos que é uma doença tragicamente comum, que afeta milhões de pessoas. Felizmente, avanços recentes na ciência médica e psicológica chegaram a tratamentos muito bem-sucedidos, via medicação e terapia comportamental especializada.

Como a depressão clínica, o TOC é uma doença que tem tratamento:

- **O TOC é um distúrbio metabólico na química cerebral, não uma fraqueza ou um defeito da personalidade.**
- **Procure ajuda profissional se o TOC estiver prejudicando a sua vida.**

Transtorno de Ansiedade Generalizada

"Sou muito boa em me preocupar", afirmou Gilza. "Se existisse um prêmio para a pessoa mais preocupada, eu certamente ganharia." Sua família costumava provocá-la chamando-a de "cabeça quente", mas ultimamente sua ansiedade estava começando a ficar fora de controle: não conseguia mais conciliar o sono, tinha palpitações, dores abdominais, tonturas e quase desmaios.

Todo mundo passa por momentos de ansiedade. É normal se preocupar quando há motivos e até manifestar reações físicas em conseqüência disso. No entanto, algumas pessoas ficam tão apreensivas, e manifestam sintomas físicos tão intensos, que se tornam emocionalmente incapazes, impedidas até de ter uma vida feliz e saudável. Elas podem sofrer de uma doença conhecida como Transtorno de Ansiedade Generalizada (TAG).

O TAG caracteriza-se por dois elementos principais. O primeiro é uma *preocupação* ou *ansiedade irreal e exagerada* em relação a qualquer coisa. Pode ser algo que aconteceu a um ente querido ou apenas uma preocupação com as finanças ou com a segurança no emprego sem que haja motivos aparentes para isso. No caso de crianças e adolescentes, o distúrbio pode assumir a forma de ansiedade e preocupação com o desempenho escolar, esportivo ou social.

O segundo componente do TAG é uma série de *manifestações físicas* que surgem nos períodos de ansiedade. Podem ser tremores, dores musculares, cansaço, dificuldade de respirar, palpitações, mãos frias e pegajosas, boca seca, tontura, problemas gastrointestinais, ondas de calor, calafrios, aumento da freqüência urinária, nervosismo, impaciência, dificuldade de concentração, lapsos de memória, insônia e irritabilidade.

Para que o diagnóstico seja preciso, é fundamental que a pessoa apresente pelo menos três dos sintomas mencionados e se sinta incomodada por eles de modo constante pelo prazo mínimo de seis meses.

Felizmente, a maioria das vítimas do TAG podem ser ajudadas pela terapia comportamental cognitiva. Em alguns casos, a medicação é usada como um método auxiliar.

Nosso conselho para lidar com essa doença é simples:

- **Se você apresenta sintomas do TAG, procure ajuda profissional.**

Superando a ansiedade: riscos X recursos

Franklin era um bom contador e ganhava bem em seu emprego, porém, quando precisava calcular riscos emocionais, errava completamente os números. "Não há a menor chance de eu convidar a Denise para sair", pensava ele. "Eu não saberia o que falar e ela ia pensar que sou um idiota. Eu nunca teria coragem de encará-la novamente."

As sensações desconfortáveis de ansiedade normalmente estão ligadas a algum infortúnio ou fato temido que as pessoas contemplam antecipadamente – uma sensação de ameaça, de estar correndo o risco de sofrer uma perda ou dano.

A quantidade de recursos que as pessoas acham que dispõem para agüentar os riscos também representam experiências de ansiedade. Quando elas se sentem extremamente ansiosas, tendem a superestimar os riscos e a subestimar sua capacidade de lidar com eles.

Eis um exemplo que ilustra bem essa observação: imagine que você está acampado em uma floresta, sentado à beira da fogueira, quando surge um urso imenso, feroz e faminto.

Em uma escala de 1 a 10, quanto você ficaria assustado? Provavelmente 10, certo? Agora vamos imaginar que você tem em seu poder um bastão forte, longo e afiado, que pode ser usado para repelir o urso. Qual seria o seu grau de ansiedade? Talvez um 9. E se você estivesse com um grupo de pessoas, todas portando rifles e armas de fogo, qual seria o nível do seu medo nesse caso? Provavelmente um 6. Faz sentido porque nesse último contexto você possui recursos poderosos (armas) para enfrentar o risco (um urso).

Em nosso acampamento imaginário, bastaria disparar alguns tiros para o alto e o urso fugiria sem ser ferido.

O objetivo é enfatizar a relação entre nossa avaliação do risco e nossa estimativa de recursos para enfrentá-lo e como isso provoca experiências de ansiedade. Lembre-se de que a maioria das pessoas ansiosas superestima o risco ou ameaça e subestima os recursos para enfrentá-los.

Detalhe importante: Franklin não faria papel de idiota ao convidar Denise para sair, mesmo que ela não aceitasse. E mais: ele certamente conseguiria se recuperar, ficando apenas com algumas "cicatrizes" caso ela dissesse não.

Da próxima vez que você começar a ficar ansioso, faça o seguinte:

- **Pergunte a si mesmo se está calculando corretamente o risco que está correndo e avalie os recursos que possui para enfrentá-lo.**

Acreditamos que esse exercício o ajudará a reduzir a ansiedade e a manter uma perspectiva equilibrada.

Hiperventilação

"Puxa, Nádia, você está sem fôlego. O que está acontecendo?" Daniel, irmão de Nádia, não era o primeiro a perceber seus estranhos padrões respiratórios. O estranho era que Nádia nunca tinha notado nada diferente até alguém chamar sua atenção para o fato. "Talvez seja isso a razão das tonturas que tenho sentido", ela ponderou.

Respirar de forma inadequada pode deixar você sem ar. Isso mesmo. Não prenda a respiração. E continue a leitura para compreender o impacto da hiperventilação.

Respirar é uma daquelas funções nas quais nem reparamos. Afinal, é um reflexo natural que acontece sem que estejamos conscientes dele. Ocorre que muitas pessoas respiram de maneira incorreta e, por isso, podem estar sujeitas à síndrome da hiperventilação.

Toda vez que expiramos, expelimos gás carbônico (CO_2) dos pulmões. Isso é bom porque acumular muito CO_2 no corpo não é saudável e pode acarretar sintomas desagradáveis. Mas expelir quantidades excessivas também pode produzir diversas sensações e sintomas assustadores, como tontura, respiração curta, palpitações, formigamento, dormência e suor abundante.

Alguns especialistas sustentam que a síndrome da hiperventilação ocorre porque o CO_2 é dissolvido no sangue na forma de ácido carbônico. Quando CO_2 é liberado em excesso, a concentração de ácido carbônico no sangue cai e o corpo tenta compensar essa perda, provocando os sintomas da hiperventilação.

- **Se você costuma sentir tonturas, falta de ar, palpitações e formigamento, entre outros sintomas, pode estar sofrendo de hiperventilação.**

A primeira coisa a fazer é consultar seu médico. Se os indícios persistirem, experimente o método do "saco de papel":

- **Respire 10 vezes dentro de um saco de papel (nunca de plástico) inspirando e expirando o mesmo ar repetidas vezes. Isso aumenta o nível de CO_2 e restaura o equilíbrio do ácido carbônico no sangue.**

Outros dois métodos simples mas eficazes: respirar inflando a barriga e correr sem sair do lugar.

- **Se os sintomas permanecerem, consulte o médico novamente ou procure um profissional especializado em técnicas de respiração terapêuticas.**

Evite a depressão, a raiva e os humores

Depressão

Diva sentia-se profundamente deprimida havia meses. Mas, como achava que não tinha motivos para isso, tinha vergonha de contar aos outros como se sentia. Fingia estar bem quando estava na presença da família e dos amigos, e sofria sozinha.

Todo mundo fica para baixo de vez em quando, com aquela sensação de tristeza ou angústia que se segue a experiências desagradáveis. Apesar de muitas pessoas se referirem a isso como depressão, a verdadeira depressão clínica é tão diferente disso quanto a pneumonia de um resfriado.

Curtir uma fossa é uma reação temporária e normal a situações estressantes da vida. Na maioria dos casos, não inclui sintomas físicos, perda da auto-estima nem pensamentos suicidas. É apenas uma fase negativa que costuma passar em questão de horas ou dias.

Depressão já é um distúrbio intenso, invasivo e duradouro que ataca corpo e mente, normalmente resultando em sérios problemas na vida profissional e social, e também na saúde física.

Entre os sintomas clássicos de depressão estão perturbações do sono, do apetite e da função sexual, além de perda de peso e falta de energia e de capacidade de concentração. Geralmente há um grande sentimento de culpa, de inutilidade e de desinteresse. Nos casos mais graves podem surgir pensamentos suicidas ou mesmo tentativas de suicídio.

Lamentavelmente, algumas pessoas não reconhecem a depressão como a doença grave que é. Pensam nela como falha da personalidade, sinal de fraqueza, defeito de caráter ou mesmo melancolia temporária.

A verdade é que a depressão é uma doença, não uma falha de caráter nem um estado de espírito passageiro. Quem está sofrendo de depressão não pode simplesmente "sair dessa" ou "se recompor", assim como um diabético não pode "sair" por livre e espontânea vontade de um desequilíbrio no açúcar do sangue. Sem tratamento adequado, os sintomas podem perdurar por meses ou anos.

Alguns casos de depressão são decorrentes de uma instabilidade química que só pode ser tratada com medicação antidepressiva. Pode ser necessário fazer psicoterapia e às vezes os médicos recomendam a combinação de ambos os métodos.

A boa notícia é que:

- **Mais de 80% dos pacientes com depressão podem ser tratados com sucesso.**

Se você ou alguém de quem gosta estiver deprimido, trate de:

- **Procurar ajuda do médico da família ou de um especialista (psicólogo ou psiquiatra).**

Raiva

"Você tem sorte por aquele garoto ter feito apenas um gesto obsceno para você, Décio", gritou sua esposa enquanto o outro carro os ultrapassava. "Ele podia ter sacado uma arma."
Décio sabia que Sandra tinha razão.
A incapacidade de controlar a raiva estava destruindo sua vida; ninguém na família falava com ele, exceto a mãe, e ele tinha sido demitido do terceiro emprego em seis meses.
O que Décio não sabia era que a raiva estava afetando sua saúde física.

A raiva é a emoção mais destrutiva que existe. Ela causa mais danos que a depressão, a ansiedade e a culpa.

Você já deve ter ouvido a teoria segundo a qual pessoas que apresentam os chamados comportamentos tipo A – sempre apressadas, impacientes, competitivas e muito ambiciosas – correm mais risco de ter problemas cardíacos do que as pessoas tipo B, que são mais relaxadas, pacatas e despreocupadas.

Estudos mostram que o problema não é o ritmo, nem a pressão, nem as características competitivas do tipo A, e sim o fato de as pessoas serem muito hostis.

O impacto destrutivo da raiva na saúde física e mental já está bastante documentado. Falta descobrir de onde vem a raiva, como ela é gerada. A resposta mais simples é que deixamos que a raiva se instale quando exigimos demais de nós mesmos e dos outros.

Um tema que volta e meia ressurge é o impacto dos discursos autoritários – frases que começam com "deve", "tem que" e "precisa". A razão é simples. A raiva geralmente envolve uma ordem: "Você devia saber que não podia fazer aquilo" ou "Não devia ter tratado mal seu tio Charlie".

• "Deve" e "não deve" – quanto mais você usar essas expressões, mais raiva terá.

A menos que você seja Deus, não sabe o que "deve" ou "não deve" acontecer. Pode, sem dúvida, saber o que "prefere", "deseja" e "espera", e também o que acha que é certo ou errado, bom ou mau.

Dizer coisas como "Seria legal se você ajudasse mais nas tarefas da casa" é bem diferente de falar "Você devia ajudar mais nas tarefas da casa". Por que as pessoas *deveriam* fazer alguma coisa? A questão é que você *gostaria* que algumas coisas fossem feitas de uma determinada maneira.

Isso não significa, porém, que todo mundo deve obedecer aos seus desejos nem que você tenha razão em ficar com raiva em caso de desobediência.

• Não seja autoritário e tenha uma vida mais longa, saudável e feliz.

Mais informações sobre a raiva

Arnaldo observou que aquilo que provoca raiva nas pessoas diz mais sobre elas do que qualquer outra coisa. "Uma vez saí com uma mulher que ficou furiosa porque enviei flores para ela", ele disse. Ela não gostava de rosas e achou que Arnaldo devia ter perguntado antes. "Ela foi tão mesquinha e intolerante que destruiu as minhas boas intenções. Percebi logo que ela era sinônimo de problemas e terminei o relacionamento", contou Arnaldo. E acrescentou: "Soube que ela se divorciou pela quarta vez."

A raiva é uma emoção comum. Ela pode ser exteriorizada ou reprimida, controlada ou não e pode perdurar ou ser resolvida.

Normalmente quando a pessoa exterioriza a raiva, provoca o afastamento dos outros. Se perde o controle com facilidade, é porque costuma ter uma auto-imagem negativa e dificuldade em se aceitar.

A raiva está por trás de uma boa dose de conflitos interpessoais, erros no trabalho e brigas familiares. Pode evoluir para hostilidade, fúria, violência e até resultar em assassinato. A raiva reprimida pode até causar problemas de saúde, como pressão alta e doenças cardíacas.

O modo de expressar a raiva varia muito de pessoa para pessoa. Algumas ficam de mau humor, outras gritam ou fecham a cara e há quem faça comentários ácidos ou se isole. Nos anos 1970 era moda entre os terapeutas dizer aos pacientes que "liberassem" a raiva gritando e socando um travesseiro ou batendo em algo ou em alguém com um bastão de espuma. Tais atitudes resultavam em níveis mais altos de raiva e, por isso, não são mais recomendadas pelos especialistas hoje em dia.

É importante frisar que:

- **A raiva não é sinônimo de agressão, mas um estado emocional.**
- **A agressão é um comportamento. O ato de agredir pressupõe o intuito de ferir, machucar outra pessoa ou danificar um objeto.**

Será que é possível praticar a "agressão verbal"? Muitos especialistas dizem que a agressão é melhor definida como uma manifestação física – empurrar, bater, socar etc. –, mas, para algumas pessoas mais instáveis, até uma crítica banal ("Você é um cretino") pode ser considerada agressiva e ter como conseqüência uma reação hostil.

Está comprovado que uma expressão zangada pode induzir uma pessoa a sentir-se zangado, ao passo que um "rosto feliz", sorridente e satisfeito, tem o efeito contrário.

As técnicas mais eficientes para a redução da raiva buscam os seguintes objetivos:

- **Aumentar o nível geral de felicidade.**
- **Aprender a relaxar completamente.**

- **Não levar tão a sério coisas sem importância que lhe provocam raiva.**
- **Expressar a raiva de maneira clara, porém não agressiva.**

Por fim, é bom lembrar que por trás de toda raiva há um "deve", um "tem que", um "precisa".

- **Quanto menos disser "deve", "tem que", "precisa", melhor para você e para todos que estão ao seu redor.**

É saudável explodir?

"Como vai a vida amorosa?", perguntou Teresa, irmã de Samuel. Ele se enraiveceu. Vermelho e tremendo, Samuel esmurrou a mesa e gritou: "Suma daqui." Isso era típico dele. Provavelmente ele pediria desculpas mais tarde, alegando: "Se eu me reprimisse, acabaria tendo um enfarte."

Quando alguém perde a cabeça e dá um ataque, todos saem perdendo. Também não é aconselhável negar ou reprimir os sentimentos nem rejeitar ou projetar a raiva.

Vamos direto ao ponto:

- **Perder o controle e explodir quando está com raiva não é saudável.**
- **Não demonstrar que está irritado também não é saudável.**

É preciso expressar sua agressividade de maneira adequada.

- **Demonstre sua raiva com declarações diretas, não com comentários raivosos.**

Muitas pessoas acreditam que é necessário gritar, bater o pé, esbravejar e brigar. Nada disso. Você pode ser objetivo e direto: "Estou zangado por você ter ofendido meu irmão em público." É isso que queremos dizer com expressar adequadamente a raiva.

Quando as pessoas exteriorizam a raiva e explodem, muitas vezes elas causam danos à sua própria saúde e tendem a perder o respeito até daqueles que são alvos de sua ira.

Espalhou-se o mito de que as pressões se acumulam no sistema nervoso e que, a não ser que as descarreguemos, os vasos sangüíneos podem literalmente se romper. Na verdade, ocorre exatamente o contrário. Quem explode feito um foguete ou vocifera como um touro raivoso exige demais do sistema cardiovascular.

- **Perder a calma pode colocá-lo em posição de desvantagem. Ficar enfurecido apenas demonstra o poder que as outras pessoas têm sobre você.**
- **Quando você fica zangado, vale a pena se expressar de forma assertiva e não agressiva.**

Não se aborreça por ficar aborrecido

"Eu sou mesmo uma idiota", disse Linda entre dentes. "Por que sempre deixo minha chefe me irritar dessa forma? Ela não pára de me criticar." Sua amiga Solange logo rebateu: "Ah, qual é? Só se você fosse santa. Aquela mulher irrita qualquer um."

Muitas pessoas percebem que ficam desnecessariamente ansiosas, zangadas ou incomodadas diante de certos acontecimentos. "Por que deixo essas pequenas coisas me aborrecerem tanto?", se questionam. "Por que sou tão fraco e idiota?"

Essas autocríticas demonstram que essas pessoas não sofrem apenas de ansiedade, depressão, raiva e culpa. Elas também se incomodam com o fato de *estarem sofrendo*. Ou seja, elas ficam deprimidas com a própria depressão, ansiosas com a própria ansiedade e zangadas com a própria raiva, o que geralmente deriva para a autopiedade.

Linda tem uma chefe muito exigente que a hostiliza constantemente, e ela se odeia por ficar zangada com a chefe.

Sally não consegue se abrir com a amiga Carol e se culpa por deixar que Carol a menospreze.

Os incômodos causados pelos incômodos são importantes? Certamente que sim.

Se Linda perde tempo e energia ficando zangada com a chefe, tenderá a ficar tão absorta em sua autocrítica que dedicará menos tempo ao seu objetivo, que é lidar melhor com a chefe. Da mesma forma, se Sally continuar irritada por não conseguir se impor perante a amiga, sua própria raiva diminuirá suas chances de desenvolver traquejo social e outras habilidades interpessoais.

- **O primeiro passo para corrigir esse comportamento é fazer uma avaliação pessoal detalhada.**

Se você fica deprimido, ansioso ou aborrecido de algum modo, pergunte a si mesmo se também fica deprimido com sua depressão e ansioso com sua ansiedade. Se a resposta for "sim", faça o seguinte:

- **Aceite o fato de que você tem o direito de ficar dessa maneira sem se sentir culpado.**

Diga para você mesmo: "Eu gostaria muito de não ficar ansioso nem deprimido. Então, em vez de me culpar e dificultar a minha vida, vou tentar resolver a situação."

- **Ficar ansioso sem um bom motivo é inútil e desaconselhável, mas isso não significa que você seja um tolo.**
- **Não acredite que é correto tratar mal a si mesmo e ser gentil e compreensivo com as outras pessoas.**

Lembre-se:

- **Você merece ser tratado com gentileza, inclusive por você mesmo.**

O humor e suas variações

Elias parecia perturbado. "Acho que sou maníaco-depressivo", declarou. "Por que acha isso? Você sabe que todos têm altos e baixos", disse Isabel. Elias prosseguiu: "É, mas não faz sentido... tem dias em que me sinto feliz por estar vivo e outros em que me sinto no fundo do poço."

Todo mundo tem variações de estado de espírito. É psicologicamente impossível – e até indesejável – comportar-se sempre do mesmo jeito. Um vegetal não tem flutuações de humor, porém seres humanos estão sujeitos a várias nuances nos sentimentos e nas emoções.

No decorrer de um único dia você pode passar por vários estados de ânimo, alguns positivos e outros negativos. Você pode tanto se sentir triste, inseguro, nervoso, incomodado, enojado, frustrado, irritado e decepcionado quanto orgulhoso, entusiasmado, feliz, animado e amoroso.

Suponhamos que em vez de se sentir incomodado você fique com raiva e em vez de ficar nervoso sinta pânico – nesse momento você estará entrando em uma área potencialmente anormal, pois a *intensidade* da reação é um importante aspecto do estado de espírito.

Existe uma enorme diferença entre a tristeza normal e a depressão anormal, entre a felicidade e a euforia extremada. Pessoas que tiveram sucesso no tratamento da depressão costumam ficar preocupadas quando se sentem um pouco para baixo ou tristes. Só relaxam quando aprendem a distinguir a depressão de uma melancolia normal.

Embora os altos e baixos do humor sejam normais e esperados, trate de:

- **Observar os estados de espírito intensos e duradouros sem motivo aparente.**

Em geral, a disposição e o humor estão relacionados a uma circunstância ou situação. Por exemplo, é normal a pessoa se sentir desapontada e de mau humor quando leva um "bolo" de alguém. O que não é normal é dizer: "Estou arrasado, humilhado, envergonhado e profundamente magoado porque levei um 'bolo'."

Além de avaliar a intensidade da reação, existem outros recursos para determinar se o estado de espírito da pessoa é motivo de preocupação.

- ***Variações radicais de humor* sem motivo aparente requerem ajuda profissional.**

O diagnóstico de transtorno bipolar, também conhecido como psicose maníaco-depressiva, se aplica quando os sintomas são intensos e duradouros.

- **Estados de espírito em que sentimentos e pensamentos irracionais parecem estar fugindo ao controle indicam a necessidade de procurar ajuda profissional.**

Provavelmente você não está sofrendo desse sério distúrbio. Para a maioria das pessoas, algum grau de mudança de humor é "normal".

Controle o peso

Tentando emagrecer? Será que vale a pena pagar o preço?

Apesar de ser atraente e magra, Melissa achava que estava bem acima do peso ideal. "Preciso perder pelo menos 4,5 quilos", disse à amiga Gina. Igualmente esbelta, respondeu: "Por favor, você está ótima. Eu é que preciso fazer uma dieta."

A indústria das dietas de emagrecimento é um empreendimento multibilionário complexo, potencialmente perigoso e que por vezes confunde as pessoas. A promessa básica é de um corpo mais esguio, elegante e magro. Mas no final o que acaba perdendo peso são as carteiras dos consumidores, não as gorduras acumuladas por eles.

A literatura científica sobre o tema é bastante sóbria, sugerindo que grande parte das pessoas que perdem muito peso acaba recuperando cada grama em um período de um a cinco anos. O que diferencia a feliz minoria da avassaladora maioria que não consegue diminuir de peso?

Conheça alguns fatos incontestáveis:

• **Dietas de emagrecimento temporárias não costumam funcionar.**

Elas podem resultar em uma perda de quilos e medidas em pouco tempo. Contudo, assim que a pessoa suspende a dieta, o peso e os centímetros voltam porque a maioria retoma os padrões anteriores de alimentação e de atividade física.

Para controlar o peso de forma duradoura, é preciso:

• **Praticar exercícios com regularidade.**

Simples caminhadas diárias de 20 a 40 minutos trazem resultados.

• **Manter um registro daquilo que come.**

Anotar tudo o que ingere ao longo do dia reduz o impulso de comer e aumenta a consciência dos hábitos alimentares.

• **Restringir a quantidade de gordura.**

Nível recomendado: não mais do que 25% do total de calorias.

• **Comer devagar.**

Geralmente o estômago demora 20 minutos para enviar ao cérebro sinais de que está satisfeito. Assim, tente não fazer as refeições em menos tempo, pois isso evitará o desejo de repetir.

• **Beber muita água.**
• **Fazer as refeições apenas em locais próprios para isso e em horários fixos. Nunca em frente à televisão, por exemplo.**
• **Pedir ajuda à família e aos amigos.**

Para alcançar seu objetivo, essas atividades precisam ser incorporadas ao seu cotidiano – virar um estilo de vida e não um padrão temporário.

Em seu livro *Thinner Winners* (Vencedores magros), Roseanne Welsh Strull e Howard Strull afirmam que o controle do peso vai muto além da simples dieta. Ele depende de quatro elementos fundamentais – Atitudes e desenvolvimento pessoal, Mudanças de comportamento, Exercícios e outras atividades, Nutrição e alimentos – que serão abordados nos próximos cinco capítulos.

Os valores que a sociedade tem a respeito do gordo são irreais. Os tipos de corpo exibidos em anúncios e na televisão criam uma ilusão perniciosa. A atual fixação em magreza é extremamente nociva, para não dizer perigosa. Os tipos de corpo que as pessoas vêem em sua família funcionam como um padrão de referência do que elas devem esperar para si mesmas. A auto-aceitação é fundamental para que cada um possa mudar seu comportamento em relação a comer em excesso.

- **Antes de iniciar qualquer programa de controle do peso, é aconselhável consultar seu médico.**

(Os próximos cinco capítulos não são indicados para tratar casos de obesidade, mas podem ajudar quem precisa perder de 4,5 a 7 quilos.)

Emagrecimento real e duradouro
Parte I

"Emagrecer e parar de fumar é fácil", brincou Lena.
"Sei bem disso, pois já fiz as duas coisas dezenas de vezes."

Por que emagrecer? Existem várias boas razões para uma pessoa querer reduzir o excesso de peso. Afinal, a gordura está relacionada a uma série de riscos para a saúde, como pressão alta, diabete, problemas renais e artrite, entre outros.

Pessoas obesas estão mais sujeitas a doenças, por isso o emagrecimento deve ser uma prioridade para melhorar a saúde. Ele abaixa a pressão arterial e o mau colesterol, diminuindo o risco de ataque cardíaco.

Quantos quilos você precisa perder? Seu médico é a pessoa mais indicada para determinar isso. Mesmo que você não consiga chegar ao seu peso ideal, emagrecer um pouco e manter-se assim resulta em significativos benefícios para a saúde, além de promover o seu bem-estar e melhorar sua perspectiva de vida.

Muitos obesos passaram pela experiência de emagrecer rapidamente ao testar uma dieta popular e engordar tudo o que haviam perdido assim que interromperam as restrições alimentares.

Pense bem: quando você entra numa dieta, isso significa que em algum momento vai sair dela. E, pela lógica, irá recuperar os quilos perdidos logo que isso acontecer. O conhecido efeito iô-iô (ou sanfona) é uma conseqüência das dietas que não passam de modismos e que são armadilhas cruéis.

Então o que realmente funciona e tem resultados duradouros? Estudos mostram que qualquer programa sério de emagrecimento é composto de duas partes:

- **Uma alimentação nutritiva e equilibrada que limite o número de calorias consumidas.**
- **Uma reeducação alimentar, com direito a mudança de hábitos à mesa, e a prática de exercícios físicos.**

A verdade é que fazer dieta apenas não basta. Se a pessoa pesa 81,5 quilos e quer chegar a 75 quilos, terá de comer e agir como alguém mais magro. Ou seja, vai precisar mudar de comportamento.

Emagrecimento real e duradouro
Parte 2

"Não consigo entender", queixou-se Diana.
"Sou muito cuidadosa com minha alimentação. Além do mais, não repito e tento preparar alimentos não-gordurosos sempre que possível. Tudo bem, gosto de fazer uns lanches, mas normalmente como com moderação. Por que não consigo emagrecer?"

Um bom programa de emagrecimento baseia-se no *equilíbrio da energia*. Imagine seu corpo como um motor e os alimentos como o combustível. Comer um pouco acima das necessidades causa um lento ganho de peso porque o corpo armazena a maioria do combustível extra em forma de gordura.

Há dois modos de "queimar" a gordura armazenada: reduzindo o consumo de alimentos (combustível) e aumentando o gasto calórico, tornando-se mais ativo fisicamente.

• Aprenda a regular o consumo de combustível e o gasto de energia.

Ao intensificar as atividades físicas, você aumenta o gasto de energia, consome o excesso de gordura e, por tabela, melhora o tônus muscular. Sem contar a sensação de bem-estar e a possibilidade de emagrecer mais rapidamente.

• Crie uma rotina de três refeições por dia e evite beliscar nos intervalos.

Seu corpo se adaptará gradualmente a esse esquema e você deixará de se sentir sempre pronto para comer.

Há muitas tentações à espreita. Passar por uma vitrine de doces e sentir seu aroma, assistir a um comercial na televisão que faz você ficar com água na boca e estar na cozinha de casa, com acesso facilitado à comida, podem ser situações difíceis de resistir.

• **Procure diminuir as situações que despertem a vontade de comer.**

É preciso assumir o controle, planejar e avaliar quando e onde comer, em vez de deixar as situações à sua volta o controlarem. Se possível:

• **Alimente-se no mesmo horário e no mesmo local todos os dias.**
• **Livre-se dos alimentos muito calóricos que tiver em casa.**

Peça ajuda à família para manter as tentações à distância. Não invente desculpas, tais como: "Eu tenho doces, bolos e biscoitos em casa para o caso de aparecerem visitas."

Emagrecimento real e duradouro Parte 3

Paulo era o que chamamos de "comedor automático". Muitas vezes beliscava enquanto falava ao telefone, assistia à televisão, dirigia, lia o jornal ou quando estudava para uma prova. Geralmente extraía muito pouco prazer da comida, pois estava sempre com a atenção voltada para outra coisa. E as calorias iam se acumulando.

Para emagrecer e não voltar a engordar, é importante fazer uma dieta equilibrada e de baixa caloria, aumentar o gasto calórico, evitar as tentações por meio da eliminação das situações que o levam a comer e dos alimentos ricos em calorias e de baixo valor nutritivo.

A principal dica de comportamento a ser incorporada é comer com tranqüilidade:

• **Certifique-se de não estar distraído com alguma outra coisa.**

Não se alimente enquanto estiver lendo o jornal, falando ao telefone, vendo televisão, assistindo a um filme no cinema ou dirigindo. Você precisa estar consciente do que está comendo. Quanto mais distraído estiver, mais tenderá a comer. Pior ainda, nem estará aproveitando a comida extra que ingerir.

É preciso evitar o hábito de comer de forma automática.

• **Coma devagar e sentado.**

A concentração no ritual da alimentação minimiza suas chances de ceder a velhos maus hábitos que o fazem comer mais do que planejara. A importância de comer lentamente é que você ficará satisfeito sem precisar comer demais.

Voltamos a frisar que os dois ingredientes básicos de uma perda de peso considerável e duradoura são:

• **Reduzir o consumo de calorias.**
• **Aumentar a atividade física.**

Não se iluda com dietas da moda. Não caia nas ciladas que permitem dois tipos de alimentos e excluem os demais. Não acredite em mágica.

• **Mantenha um regime de baixas calorias e introduza variedade em seu cardápio.**

Esperamos que esses breves comentários o façam entender que um controle de peso eficaz e duradouro requer e envolve mais do que simplesmente fazer uma dieta.

Emagrecimento real e duradouro
Parte 4

"Nem adianta eu tentar perder peso", afirmou Lilian. "Minha avó era gorda, minha mãe é gorda, minha tia é gorda; é de família. Sei que meus genes são mais fortes que a minha força de vontade, então é inútil tentar."

Agora chamamos sua atenção para os pensamentos e sentimentos que são essenciais para que você aprenda a controlar o seu próprio peso.

Para começar, substitua as idéias negativas por outras mais construtivas. Imagine que você está tentando reduzir o consumo de alimentos supercalóricos. Uma manhã, sem pensar, você come dois grandes pedaços de bolo com cobertura de chocolate no café da manhã. Como reagiria a esse deslize?

Você poderia dizer: "Como pude fazer isso? Estraguei tudo. Sou um caso perdido." Ou então: "Bem... não estou feliz com isso, mas não vou entrar em pânico. Se eu tomar cuidado durante o resto do dia, ainda me manterei dentro do limite."

- **Os pensamentos influenciam significativamente o comportamento. Alguns minam seu esforço para emagrecer, enquanto outros funcionam como um estímulo.**

Outro exemplo típico de modo de pensar negativo: "Não estou emagrecendo rápido o bastante. Nesse ritmo nunca vou alcançar o peso que desejo."

A abordagem mais inteligente e com melhores chances de dar certo é: "Se eu perder peso rápido demais, vou recuperá-lo com a mesma rapidez. Por isso, vou dar um passo de cada vez e me empenhar em perder peso de forma gradual."

Eis outra armadilha mental: "Não tenho força de vontade suficiente. Não consigo fazer dieta porque sou fraco." Nada disso. Trate de mudar o discurso. Nada de ficar repetindo: "Sou naturalmente gordo e sempre serei." Experimente dizer: "Ainda que eu seja naturalmente mais gordo que os outros, isso não significa que não possa emagrecer."

É preciso desafiar esses pensamentos negativos automáticos e criar uma atitude mais positiva em relação à perda de peso.

- **Cuidado com sentimentos que o fazem comer mais: solidão, tédio, fadiga, raiva e depressão.**

Você não vai preencher os vazios em sua vida com comida.

Emagrecimento real e duradouro Parte 5

Nora comentou animada: "É incrível. Eu estava resignada a ser gorda. Nenhuma dieta funcionava e eu me sentia um fracasso. O médico me disse para ficar longe da balança e levar uma vida mais saudável. Agora eu não passo mais fome, como alimentos saudáveis e faço exercícios quase todos os dias. Minha aparência melhorou e eu me sinto bem melhor."

Além de fazer três refeições equilibradas de baixa caloria por dia, praticar mais exercícios, usar o pensamento positivo, evitar as tentações e as situações em que você reaja comendo, a visualização também pode ser um poderoso instrumento de controle do peso.

• **Imagine-se atingindo sua meta, ou seja, seu peso ideal.**

Repetir uma imagem mental satisfatória o aproxima do sucesso. A prática da visualização consegue influenciar a realidade. Portanto, antes de ir a um jantar onde terá de enfrentar comidas tentadoras e também pessoas que o encorajarão a comer coisas proibidas, imagine-se resistindo bravamente às tentações. E sentindo-se muito bem com isso.

Faça o seguinte exercício: imagine que alguém está lhe oferecendo um prato tentador, depois visualize a pessoa e imagine o aroma da comida. Crie essa imagem mental da forma mais vívida que conseguir. Agora, imagine recusando-se a provar a comida com convicção. Imagine que você se afasta, orgulhoso de si mesmo.

• **Imagens negativas também podem ajudá-lo a emagrecer.**

O ingrediente fundamental para emagrecer e manter o peso é levar uma vida saudável de modo geral. Adote as seguintes atitudes:

• **Adquira uma atitude mental positiva.**
• **Peça apoio emocional aos outros.**
• **Mexa-se (faça exercícios) com mais freqüência.**
• **Coma de maneira inteligente.**
• **Aprenda sobre nutrição.**
• **Pratique técnicas de redução do estresse.**
• **Evite tentar perder muito peso em pouco tempo.**

Sobre psicanalistas e psiquiatras

A diferença entre psiquiatras e psicólogos

"Psiquiatra, psicólogo são médicos que cuidam da mente, certo? Que diferença faz qual eu vou consultar?"
Filipe estava frustrado e confuso com os próprios problemas para ainda ter de decidir que tipo de médico procurar.

Filipe não é o único. A maioria das pessoas não sabe distinguir um psicólogo de um psiquiatra. Veja as diferenças entre uma profissão e outra.

Psiquiatras são médicos com especialização em prevenção, diagnóstico, tratamento e reabilitação de distúrbios mentais e emocionais. Após a graduação, a maioria faz um treinamento avançado chamado residência, que no Brasil tem a duração de três anos. São cinco as subespecialidades: infância e adolescência, forense, psicogeriatria, psicoterapia e interconsulta em hospital geral.

Como sua formação é médica, poucos psiquiatras passam por uma preparação aprofundada em tratamentos psicossociais, e aqueles que o fazem costumam aprender métodos psicanalíticos e psicodinâmicos tradicionais. Portanto, o tratamento psiquiátrico é geralmente baseado na prescrição de medicamentos, em prolongada terapia analítica "no divã" ou por meio de uma combinação de medicamentos com uma forma mais curta de tratamento psicodinâmico.

Os *psicólogos clínicos* são formados na arte e na ciência da psicologia aplicada – o estudo do pensamento humano, da emoção, do comportamento e do relacionamento. Recebem treinamento em diagnóstico, avaliação, testes psicológicos, pesquisa metodológica, terapias e métodos de tratamento psicossociais. E aplicam princípios psicológicos ao tratamento de problemas mentais, emocionais, comportamentais e de desenvolvimento de indivíduos e grupos. Embora não estejam autorizados a prescrever medicamentos, os psicólogos têm alguma formação em psicofarmacologia e estão preparados para trabalhar com psiquiatras e outros médicos nos casos em que a medicação é necessária.

Há ainda outros profissionais que atuam como terapeutas, caso dos assistentes sociais, terapeutas de casal e de família, religiosos e outros. Evidentemente, nossa orientação é no sentido de que os psicólogos são mais qualificados para lidar com questões de saúde mental.

Hoje em dia muitos terapeutas baseiam sua prática em métodos de diversas escolas de pensamento. Essa abordagem flexível é chamada de eclética, integrativa ou multimodal.

- **Os melhores terapeutas baseiam seus métodos em três pontos: avaliação cuidadosa das necessidades do paciente, tratamento que já provou dar resultado e relacionamento afável entre médico e paciente.**
- **Os piores terapeutas adotam pontos de vista rígidos e não adaptam seus métodos às necessidades de cada paciente.**
- **Se você estiver fazendo terapia, reflita: o seu terapeuta quer que você se adapte à terapia ou procura adaptar o tratamento às suas necessidades?**

Psicoterapia de curta e de longa duração

Augusto admitiu que estava infeliz, confuso e ansioso. "Por que você não faz uma terapia?", sugeriu seu amigo José. E Augusto respondeu: "Porque tenho coisas melhores a fazer do que deitar num divã de analista durante anos." "Você está desatualizado. A terapia da minha irmã só durou seis semanas e ouvi dizer que hoje em dia essa é a média", disse José.

Segundo dados do Instituto Nacional de Saúde Mental dos Estados Unidos, cerca de 52 milhões de norte-americanos sofrem de algum problema psicológico significativo, mas apenas 8% procuram ajuda.

É provável que você ou alguém que conheça já tenha vivenciado situações de estresse no trabalho, baixa auto-estima, casamentos problemáticos, depressão ou vício em drogas e álcool. Esses distúrbios são comuns entre as pessoas ditas "normais". Então por que tanta gente evita procurar ajuda psicológica?

Uma das razões é que a maioria ainda associa quem tem problemas psicológicos com o papel desempenhado por Jack Nicholson no filme *Um estranho no ninho*. Os diálogos de Woody Allen sobre ficar para sempre deitado no divã de um analista em *Noivo neurótico, noiva nervosa* também marcaram uma geração.

E a verdade é que pouquíssimas pessoas desejam ser analisadas ou deitar em um divã em uma terapia de longa duração. A maioria quer ajuda *imediata* para seus problemas *atuais*, de preferência gastando o menor tempo possível no consultório do terapeuta.

• Terapeutas eficientes dão ênfase à saúde, não à patologia.

A terapia mais valiosa é a que ajuda o paciente a reconhecer seus pontos fortes e suas habilidades e a fazer bom uso de suas capacidades.

• A psicoterapia moderna tende a ter curta duração.

Quando a terapia é mais voltada para as soluções do que para os problemas, é possível fazer grandes progressos em poucas sessões.

Há também aqueles que receiam expor seus segredos íntimos e sombrios. Em um tratamento direcionado a buscar soluções para os problemas mais prementes da pessoa há um objetivo principal: "Vamos ver o que está atrapalhando a sua felicidade e minando sua eficiência, e vamos fazer isso sem investigar o seu passado."

A terapia de curta duração geralmente se estende por, no máximo, 12 sessões. No seu decorrer, o paciente aprende como resolver seus problemas e isso permite que ele seja capaz de ajudar a si próprio.

Costumava-se pensar que a terapia de longa duração era superior, porém, estudos recentes demonstraram que o método mais objetivo cria menos dependência, além de ter várias outras vantagens. Evidentemente, quem tem distúrbios profundos precisa de anos de tratamento, mas isso é a exceção e não a regra.

Terapeutas perigosos, benéficos e eficientes

Maria tinha ido a um terapeuta, mas saiu da consulta sentindo-se pior do que antes. Ela sabia que poderia se beneficiar de ajuda profissional, porém essa experiência ruim a deixou temerosa. Felizmente, sua amiga Renê a convenceu a procurar um terapeuta com a reputação de ser compreensivo, afetuoso e eficiente. Maria ficou bastante satisfeita com o resultado.

Nem sempre dá certo, é claro. Nem todos os terapeutas são eficientes e é preciso considerar que alguns podem causar mais mal do que bem.

Em geral, os terapeutas mais perigosos são os que se guiam meramente pela intuição, não levando em conta os fatos científicos disponíveis. Costumam adotar de maneira rígida uma teoria específica e favorecer um ou dois métodos de tratamento. Em vez de adequar seus métodos e teorias aos fatos, eles fazem tudo para enquadrar o paciente em seus padrões. Se o paciente ousar sugerir algo diferente, ele diz: "Eu sei o que é melhor para você." Como se o terapeuta conhecesse a pessoa melhor do que ela própria.

Já os terapeutas benéficos são neutros e acolhedores. Oferecem apoio, empatia e aceitação, e mantêm uma relação em que o paciente pode explorar sentimentos e pensamentos. Apesar de serem melhores que os profissionais anteriormente mencionados, eles fazem pouco mais do que espelhar o que o paciente lhes diz; não oferecem um aconselhamento concreto, uma direção, nem uma ajuda ativa para a solução dos problemas da vida real.

- **Terapeutas eficientes normalmente abordam a terapia como um processo educacional ativo.**

Além de proporcionarem um ambiente emocionalmente seguro, esses profissionais ajudam os pacientes a identificar e corrigir a falta de informação que pode estar prejudicando seu sucesso emocional e seus relacionamentos.

- **Profissionais eficientes vão além da troca de idéias. Eles orientam, treinam e ensinam o paciente a resolver problemas, a se sentir melhor, a se relacionar melhor e a atingir suas metas.**

Além de serem bons ouvintes, esses terapeutas também são bons professores.

Desmistificando a psicoterapia

Intuitivamente, Daniel achava que seus problemas emocionais não seriam resolvidos examinando o passado. "Sinceramente, não acho que falar sobre minha infância irá me ajudar agora", explicou à nova terapeuta. "Acho que no seu caso você tem razão", ela concordou. "Tenho em mente uma outra linha de tratamento para você. Deixe-me explicar..."

Nos últimos anos houve grandes mudanças nas áreas da psicologia e da psiquiatria. Uma das mais significativas foi tornar o processo terapêutico menos complicado e menos misterioso. Hoje, muitos terapeutas consideram seu trabalho um meio de solucionar problemas. A idéia ultrapassada de examinar a fundo o passado foi substituída, em muitos círculos, pelo foco nos problemas e transtornos do cotidiano.

- **A terapia orientada para soluções pressupõe que se encontre meios de superar os medos, angústias, incertezas e dificuldades de relacionamento que levam muitas pessoas a buscar ajuda profissional. Essa abordagem se presta muito bem ao desenvolvimento de procedimentos de auto-ajuda.**

Se você estiver enfrentando dificuldades psicológicas e emocionais, sugerimos que adote o seguinte procedimento:

- **Tente definir o problema. Procure ser bem específico.**
- **Aceite o fato de que você aprendeu a agir, pensar e sentir dessa maneira, portanto é capaz de desaprender.**
- **Encontre uma forma de mensurar o problema.**

Por exemplo, se você tem pensamentos perturbadores, uma boa idéia é manter um registro de todas as ocorrências. Digamos que você deseja emagrecer. Anote tudo o que comer ao longo do dia. É comum que o mero fato de tomar notas faça a freqüência diminuir.

Os problemas somente são superados quando nos esforçamos em solucioná-los. Se continuamos a sentir, agir e pensar de determinada forma – aquela que lhe causa problemas –, é provável que tenhamos escolhido ser dessa maneira em vez de descobrir como mudar e empenhar-se para concretizar essa mudança.

- **Se não obtiver resultados, isso pode significar que você não se empenhou o suficiente ou então que está conseguindo mais vantagens continuando como está. Porém, isso não quer dizer que você seja um caso perdido. Pouquíssimas coisas vêm de graça na vida e o esforço sempre traz mudanças.**
- **Uma psicoterapia eficaz combina bom senso e princípios psicológicos cientificamente estabelecidos para habilitar as pessoas a levarem uma vida mais feliz e produtiva.**

Escolhendo um terapeuta

Hilda estava em busca de um terapeuta. Sabia da existência de inúmeros tipos de terapia. "Como vou saber o que é melhor para mim?", indagou. "Meu médico não devia recomendar alguém? Ou devo simplesmente procurar o terapeuta do meu vizinho?"

A expressão em latim *caveat emptor* (compre por sua própria conta e risco) cai como uma luva quando se trata de escolher um terapeuta. Como essa pode ser uma tarefa difícil e até perigosa, e o mercado oferece uma variedade perturbadora de terapias e terapeutas, decidimos reunir algumas dicas sobre os diferentes tratamentos psicoterápicos existentes de modo a evitar que as pessoas acabem sob os cuidados de profissionais inábeis e despreparados.

Para que ninguém deixe de receber a ajuda de que necessita, e não fique na dependência da indicação de um amigo ou do médico da família, sugerimos que o primeiro passo seja:

- **Certificar-se de que o terapeuta possui autorização para exercer a profissão.**

Isso pode ser feito consultando os órgãos reguladores de cada profissão e as associações de classe ou perguntando diretamente ao terapeuta.

Recomendamos ainda que a pessoa faça uma pequena entrevista pelo telefone, perguntando ao terapeuta sobre sua formação e experiência, abordagem teórica, áreas de especialidade, valor das consultas e outras questões que lhe parecerem pertinentes. Um profissional que não concorde em ter uma conversa de 5 a 10 minutos pelo telefone pode ser rígido ou ocupado demais para prestar um serviço de qualidade. Nesse caso, pode ser melhor continuar procurando.

Quando estiver pessoalmente com o terapeuta, verifique se ele:

- **É cordial, acolhedor e compreensivo.**
- **Faz observações e responde às suas perguntas diretamente.**
- **Parece flexível em relação a horários.**
- **Demonstra interesse em resolver seus problemas atuais e não apenas em investigar e entender o passado.**

É fundamental sair dessa entrevista com uma sensação positiva. Se, ao contrário, você sair desanimado, pense duas vezes antes de começar o tratamento. A relação terapeuta-paciente é crucial. Se você não se sentir à vontade, confiante e seguro de que vai melhorar, busque outro profissional. É a sua felicidade e o seu bem-estar que estão em jogo.

Idéias equivocadas sobre a psicoterapia

"Eu não estou louco", Nélio disse, zangado.
Sua irmã Ema tinha sutilmente sugerido que procurar um terapeuta
lhe faria bem. "Não estou dizendo que você é louco.
Se a sua cabeça doer, você procura um neurologista. Para a sua depressão,
você precisa de um psicoterapeuta", ela retrucou com firmeza.

A sociedade levou um bom tempo para reconhecer o valor de se recorrer a psicólogos, psiquiatras e outros especialistas em saúde mental, porém ainda há um longo caminho pela frente.

O estigma em torno da necessidade de se recorrer à psicoterapia ainda é grande. Se fosse divulgado que um candidato à presidência dos Estados Unidos submeteu-se a um tratamento para ansiedade ou depressão, certamente essa informação seria usada contra ele. A postura que infelizmente prevalece é: "A pessoa que precisa de ajuda para resolver seus problemas é fraca, imprevisível e pouco confiável."

A grande maioria acha que as dificuldades de cunho psicológico refletem a existência de uma tendência de instabilidade para toda a vida. Em conseqüência, quando altos executivos fazem psicoterapia, normalmente adotam nomes falsos, estacionam a alguns quarteirões de distância do consultório, preferem ser atendidos no horário da noite, pagam em dinheiro e se disfarçam como podem.

A vida é muito complicada para que passemos por ela sem ter algum tipo de preocupação de ordem psicológica e emocional. Infelizmente, em função do preconceito, muita gente que sofre de sérios distúrbios acaba não recebendo o tratamento de que necessita.

A verdade é que:

- **Todo mundo tem algum problema emocional.**
- **Os distúrbios psicológicos, na maioria, são problemas e não doenças.**
- **A idéia de que a pessoa é "doente" ou "louca" decorre da ignorância.**
- **Geralmente, quem mais precisa de ajuda está menos disposto a procurá-la.**

A verdade é que as pessoas estão de tal maneira envolvidas em suas próprias dificuldades que nem sempre conseguem avaliá-las com clareza. Imagine olhando-se no espelho com o nariz a dois centímetros de distância dele. Tudo está no lugar, o espelho reflete a sua imagem, seus olhos e seu cérebro recebem os estímulos, mas você não consegue encontrar o foco porque está *perto demais para enxergar com clareza.* Para fazer a imagem entrar em foco, é preciso que você recue.

- **Um observador externo (de preferência, um profissional experimentado) encontra-se em posição bem mais favorável para**

detectar as questões problemáticas na vida de uma pessoa e para oferecer ajuda para que ela encontre alternativas construtivas.

Medicamentos psiquiátricos

Virgínia teve diagnosticada uma depressão significativa. Nesse tipo de doença, a medicação costuma ter bons resultados e foi recomendado a ela um novo antidepressivo. Mas Virgínia se recusou a sequer considerar essa opção. "Eu nunca tomo remédios, nem mesmo uma aspirina quando tenho dor de cabeça", afirmou.

Enquanto muitos ainda se prendem a mitos e idéias equivocadas sobre as doenças mentais, cada vez mais pessoas aprendem a identificar a depressão clínica e os transtornos de ansiedade como doenças psicológicas. Simultaneamente há um conhecimento maior sobre a medicação psiquiátrica, os chamados psicotrópicos – substâncias que atuam quimicamente sobre o psiquismo, afetando o estado mental do paciente. Eles são muito usados para casos de perturbações, inquietações e incômodos e deixam as pessoas mais saudáveis e equilibradas.

Apesar de serem seguros, eficazes e bem tolerados, muita gente ainda teme esses medicamentos por acreditarem que causam dependência ou, pior, que transformam as pessoas em zumbis. Essa desinformação tem origem em relatos de efeitos colaterais e nas imagens criadas pela mídia, seja em filmes ou em noticiários sensacionalistas.

A verdade é que encontrar o remédio certo para alguém pode levar algum tempo. É preciso fazer um diagnóstico cuidadoso, a fim de determinar se o transtorno emocional tem origem em um desequilíbrio químico, e em seguida encontrar o agente químico que irá restaurar o equilíbrio.

As pessoas que, de modo geral, estão bem e têm problemas de relacionamento ou de estresse não são candidatas ao tratamento com drogas.

As que apresentam sintomas moderados – dificuldades no trabalho, em casa e em eventos sociais, além de inúmeros sintomas físicos causados pela ansiedade ou pela depressão – podem desejar acelerar o processo com um catalisador químico apropriado, embora possam ser tratadas somente com terapia psicossocial.

Quem apresenta sintomas severos, geralmente de natureza bioquímica e que afetam gravemente todas as esferas da vida, simplesmente não consegue melhorar sem a medicação adequada.

- **Medicamentos adequados são seguros e desempenham um papel fundamental no tratamento da saúde mental.**

As principais questões que você deve se perguntar são as seguintes: A doença é decorrente de algum desequilíbrio químico? Se houver necessidade de medicação, qual seria o tipo de droga? Qual a maneira mais segura e eficaz de prescrever tais remédios?

Três opções de tratamento

Edgar se sentia ansioso com freqüência, mas conseguia suavizar a tensão e o desconforto tomando um tranqüilizante. "Agradeço a Deus por esses remédios. Não sei o que eu faria sem eles", costumava dizer. Com o passar do tempo, porém, ele parecia precisar dos comprimidos num espaço de tempo cada vez menor.

De modo geral, quando as pessoas enfrentam dificuldades emocionais ou psicológicas, elas têm três opções de tratamento. Podem tomar um medicamento, fazer uma terapia ou ambas as coisas.

Por exemplo, alguém que sofra de ansiedade ou depressão pode se medicar ou fazer uma terapia cognitivo-comportamental, o que pressupõe o aprendizado de novas habilidades e o desenvolvimento de padrões de comportamento mais saudáveis.

No caso de Edgar, o clínico geral lhe disse que sua pressão estava alta e recomendou que ele iniciasse o uso de medicação para combate à hipertensão para baixar a pressão. Outra opção seria perder 4,5 quilos, evitar o consumo de sal e gordura em excesso, praticar exercícios aeróbicos com regularidade, diminuir o estresse no trabalho e relaxar com mais freqüência. Em suma, o médico disse a Edgar que ele podia tomar algo para a hipertensão ou fazer algo a respeito – uma escolha entre a *medicina tradicional* e a *medicina comportamental.*

A medicina tradicional enfatiza o uso de medicamentos; já a medicina comportamental pressupõe mudanças no estilo de vida, como o desenvolvimento de padrões de comportamento mais saudáveis.

Uma das abordagens mais comuns e eficazes da medicina comportamental é a terapia cognitivo-comportamental. Sua combinação com medicamentos geralmente é o melhor caminho a seguir.

• **O uso da medicação adequada combinado a uma terapia cogniti-**

vo-comportamental geralmente resulta em um efeito de cura melhor do que a soma dos tratamentos individuais.

Saúde física e mental

"Eu não sou hipocondríaca", exclamou Sandra para a filha Daniela. "É que as mulheres da nossa família não são muito fortes. Você devia se considerar sortuda por não ter os problemas de saúde que eu tenho. Eu só queria encontrar um médico que descobrisse o que há de errado em vez de insistir que é tudo coisa da minha cabeça."

Há mais de 2.000 anos a ciência pesquisa sobre a inter-relação entre a saúde física e a saúde mental, mas a comprovação da conexão entre a emoção, a personalidade e o bem-estar está apenas engatinhando.

Poucos contestariam a alegação de que várias doenças físicas possuem significativos componentes psicológicos. Por exemplo, algumas pessoas ficam cegas após um trauma psicológico. Essa cegueira é chamada de "funcional", pois os médicos não encontram absolutamente nada de ordem física ou médica que a justifique.

Pessoas ansiosas ou deprimidas também costumam desenvolver problemas físicos e médicos.

- **Metade das doenças orgânicas de que os pacientes se queixam tem entre as causas fatores psicológicos.**

Estudos que se propõem a analisar como a depressão e a ansiedade afetam a saúde física não receberam a mesma atenção daqueles que analisaram a relação entre hostilidade, raiva e saúde.

Uma quantidade considerável de novas evidências científicas indica que a raiva, a ansiedade e a depressão desempenham um papel fundamental na saúde física.

- **A hostilidade é vista como um elemento tóxico e está freqüentemente associada à doença arterial coronariana, à artrite e à asma.**

A relação entre as emoções negativas e o bem-estar é bem documentada. Pesquisas demonstram claramente que há uma grande incidência de depressão entre pessoas que estão doentes, bem como numerosos problemas médicos entre as pessoas que sofrem de depressão. Não está bem claro o que acontece primeiro. As pessoas ficam deprimidas por estarem doentes ou ficam doentes porque estão deprimidas?

O importante é que a maioria desses fatores pode ser alterada com o tratamento adequado.

- **Pessoas que relutam em buscar ajuda acabam sofrendo desnecessariamente.**

Inventando desculpas para evitar a psicoterapia

Jacó orgulhava-se de sua independência. "Cuidei de mim mesmo a vida toda", alardeava. "Não vou começar agora a deixar um psicanalista me dizer o que fazer nem como agir. Vou superar isso mais cedo ou mais tarde; afinal, quem pode saber melhor que eu?"

É comum constatarmos que aqueles que mais precisam de ajuda psicológica são os que mais a recusam. "Não há nada de errado comigo. Eu não preciso de um psiquiatra. Não sou maluco", declarou. Na grande maioria dos casos, a necessidade de psicoterapia tem pouco (ou nada) a ver com "estar louco", embora algumas pessoas que resistem ao tratamento sejam de fato seriamente desequilibradas.

Nossa sociedade estimula as pessoas a serem independentes, autônomas. Em conseqüência, muitas se recusam a recorrer a alguém ou a buscar ajuda profissional quando a angústia e a tristeza tomam conta de suas vidas. Acreditam que se forem fortes conseguirão superar sozinhas as dificuldades psicológicas e não precisarão da ajuda de terapeutas profissionais.

Muitos evitam a psicoterapia por pensarem que seus segredos mais profundos e sombrios serão revelados. Acham que não devem confidenciar assuntos íntimos e pessoais a ninguém, exceto talvez a alguém da família. Outros pensam que, se pararem de pensar em suas dificuldades emocionais, elas desaparecerão. A verdade é que jogar as coisas para debaixo do tapete não resolve nada, só piora a situação.

Infelizmente há quem pense que consultar um psicólogo, psiquiatra ou outro profissional de saúde mental é motivo de vergonha. Para essas pessoas, há algo de admirável em suportar os problemas, conflitos e ansiedades sem buscar ajuda. Somente o desespero, após uma luta inútil ao longo dos anos, pode levá-las a procurar ajuda profissional.

Essa demora, no entanto, só faz os problemas piorarem. Já atendemos pacientes assim. Geralmente não precisavam de nada mais do que algumas semanas de medicação antidepressiva.

Por isso, nunca é demais repetir:

- **Atualmente a maioria dos terapeutas é voltada para a busca de soluções, e não para desenterrar o passado.**
- **Não existe virtude nem qualquer coisa de admirável no sofrimento desnecessário.**

Diminuindo a distância entre a ciência e a prática profissional

O terapeuta de Joyce disse, cético: "Não podemos esquecer que o que funciona para uma pessoa pode não dar certo para outra; tenho de confiar na minha intuição. Acho que se mantivermos essa linha de tratamento por mais algumas semanas você terá uma melhora considerável." Joyce preferiu buscar outro terapeuta.

Quando há provas empíricas de que um determinado procedimento resolve de fato um problema, acreditamos ser um dever do terapeuta começar por ele. Se não der certo, tenta-se então outros métodos.

Entretanto ainda há inúmeros profissionais que insistem em submeter o paciente a desnecessárias "escavações psicoarqueológicas", em sessões de psicanálise ou psicodinâmica, em vez de implementar os já testados métodos de terapia cognitivo-comportamental.

Um dos maiores problemas no campo da psicoterapia é que os profissionais às vezes agem de forma intuitiva. O resultado é que a ciência da psicologia e os métodos de prática clínica nem sempre conseguem se conectar. Existe espaço para a criatividade e a inovação na prática terapêutica, mas quando o profissional se baseia quase exclusivamente na sua intuição, ignorando o lado científico da equação, essa opção dificilmente trará benefícios para o paciente.

Além disso, os planos e seguros de saúde privados parecem privilegiar os procedimentos com comprovação científica; essas organizações tendem a não reembolsar os profissionais que aplicam métodos alternativos.

Outro fator importante é o nível de conhecimento crescente por parte dos consumidores e organizações de proteção ao consumidor. Já não é mais tão fácil para profissionais preguiçosos ou pouco capacitados ignorarem as descobertas científicas. Quando os pacientes exigirem especificamente a terapia cognitivo-comportamental, esses profissionais terão de encarar os fatos e parar de ignorar a realidade.

- **Não hesite em pedir ao seu terapeuta evidências de que o procedimento sugerido é o mais adequado às suas necessidades.**

Por que a terapia não funciona para algumas pessoas?

Clécio tratava-se com o mesmo terapeuta havia mais de três anos e não tinha feito nenhum progresso. Num dado momento, sua mulher estabeleceu os limites: "Amo você, mas seu comportamento compulsivo está me enlouquecendo. É melhor você encontrar um terapeuta que realmente seja capaz de ajudá-lo, senão eu vou embora."

Muitas pessoas acreditam que o objetivo da terapia é falar de seus problemas, e não encontrar meios de solucionar esses problemas.

- **O que importa não é *falar*, mas *agir*.**

Uma relação insatisfatória entre paciente e terapeuta é outro fator a ser levado em conta. Se você acha que o terapeuta se preocupa de fato com o seu bem-estar e você sai das sessões sentindo-se melhor, seus progressos serão crescentes.

- **É importante sentir-se à vontade com o terapeuta e confiar nele.**

Há pessoas que se sentem frustradas e que parecem sofrer com isso, mas ainda assim não acham que têm problemas.

- **Para que ocorra uma mudança construtiva, é importante identificar os problemas e aceitar a possibilidade de que eles podem ser resolvidos.**

Muitas pessoas admitem ter dificuldades psicológicas, mas acreditam que são assim e que nada pode ser feito para mudar isso.

• **Para que a mudança aconteça, é preciso querer.**

Existem ainda pessoas que dizem ter problemas e reconhecem a possibilidade de mudar, mas parecem não estar interessadas em mudar.

• **O crescimento psicológico e a reeducação emocional requerem a participação ativa de quem quer mudar.**

A psicoterapia moderna é uma atividade baseada no aprendizado. Da mesma forma que fazemos para adquirir qualquer nova habilidade, é preciso dedicação e empenho para desaprender os maus hábitos e adquirir novos padrões, mais úteis e promissores.

• **O crescimento e a mudança exigem esforço e prática.**

A idéia ultrapassada de deitar no divã e falar o que vier à cabeça foi substituída pela análise objetiva dos problemas e pela busca de soluções. Se as pessoas procurarem a terapia apenas para desabafar, sem disposição para fazer o dever de casa entre as sessões, a mudança será improvável.

Vale a pena ser "durão"?

"Não suporto gente que está sempre se queixando", declarou Anne. Ela acreditava em não demonstrar os sentimentos, nunca reclamar com ninguém quando se fica doente, triste ou estressada, e sempre guardar os sentimentos para si. Mas Anne ficou profundamente deprimida após o fim de seu segundo casamento. Seus sonhos e expectativas se despedaçaram.

É recomendável fazer o tipo durão? Como acontece com todos os extremos, não é saudável fingir que se agüenta tudo sem reclamar. Após a separação, Anne decidiu voltar para seu estado natal, Nova Jersey, mas acabou enfrentando dificuldades para encontrar um emprego, o que só piorou as coisas. Um colega a aconselhou a consultar um terapeuta ou tomar medicação antidepressiva. Ela recusou o conselho e decidiu "agüentar" o tranco.

Anne sofreu por mais de um ano e admitiu que chegou a pensar em suicídio. As coisas só começaram a entrar nos eixos quando ela conseguiu um emprego melhor. Há quem a veja como uma mulher forte, com qualidades admiráveis: "Melhor para ela. Manteve-se firme e superou a depressão sozinha." A verdade é que ela sofreu desnecessariamente e perdeu a oportunidade de se recompor mais cedo.

Se Anne tivesse procurado uma terapia, não só a extensão e a duração de sua depressão e de seu sofrimento teriam sido reduzidas como ela poderia ter aprendido mais sobre ela mesma, ficando em condições mais favoráveis para conseguir uma posição melhor na carreira, além de relacionamentos mais felizes. Não existe nada de admirável em prolongar a tristeza e a ineficiência.

- **Pedir ajuda é sinal de coragem e inteligência, não de fraqueza.**

É particularmente preocupante ver pessoas exaustas decidindo "agüentar" ou se descrevendo como no "fundo do poço" e sem conseguir ir para a frente, considerando tudo penoso e queixando-se de sono irregular. Sem considerar os que sofrem mudanças radicais de humor, oscilando entre um extremo e outro.

Esses sintomas podem ter origem em inúmeros problemas de saúde, desequilíbrios hormonais, depressões ou infecções. Um check-up completo é o primeiro passo para verificar a extensão dos sintomas.

- **"Agüentar" ou "superar por conta própria" faz tanto sentido quanto ignorar cáries na esperança de que se curem sozinhas.**

A ajuda não tem de vir necessariamente de um psicólogo ou psiquiatra. Um bom amigo muitas vezes pode dar conta, mas isso significa que você terá de engolir o orgulho e pedir apoio, conselhos e orientação. Isso fica mais fácil quando você percebe que a saúde e a felicidade são mais importantes que a vaidade.

Outras observações sobre saúde mental

O que forma o caráter?

Anderson, um empresário rico, insistia que o filho Josué trabalhasse para custear os estudos na universidade. "Ele nunca dará valor à sua formação se tiver tudo de mão beijada", dizia Anderson quando sua mulher sugeria que ele pagasse a faculdade do filho. E continuava: "Eu cheguei até aqui sem a ajuda de ninguém. É melhor que ele sofra e lute agora."

Existe um mito bastante difundido na nossa cultura de que o bom caráter se forma com sacrifício e sofrimento.

Jim e Carol são exemplos disso. Ambos de origem humilde, estavam casados havia 10 anos e graças ao trabalho árduo e alguns golpes de sorte conseguiram alcançar uma situação financeira bastante confortável. Mas seus dois filhos eram criados de acordo com o princípio de que "sem esforço não há recompensa".

Eles poderiam ter facilitado a vida dos filhos, mas acreditavam que fazer isso minaria a autoconfiança deles. Faltava-lhes generosidade para demonstrar amor e aceitação. "Não se consegue nada de graça" era uma de suas frases preferidas.

Será que o sofrimento é realmente necessário para ter uma vida boa? Você conhece alguém que se beneficiou dessa postura rígida? Apesar de muitas pessoas aprenderem e crescerem com as dificuldades, o sofrimento não é necessário nem desejável para a formação do caráter.

- **Bons exemplos são a chave para o bom caráter.**

Pais, professores, amigos, orientadores e vizinhos que reforçam qualidades desejáveis e corrigem de maneira construtiva comportamentos indesejados são a chave para o bom caráter.

- **É fundamental ensinar os filhos a terem senso de responsabilidade, integridade, justiça e as habilidades para realizarem seu potencial.**

Exigir trabalho árduo e sofrimento apenas em nome da "formação do caráter" pode gerar ressentimentos e resistência. Não há vantagens no auto-sacrifício e no sofrimento desnecessário.

O mito da indispensabilidade

Irene trabalhava como gerente de uma movimentada clínica. Embora tivesse direito a férias remuneradas de três semanas por ano, só folgava nos feriados nacionais, como o Natal, quando a clínica fechava. "Sempre que tiro um dia de folga, quando eu volto está tudo um caos. Ninguém conhece este lugar como eu", dizia. Por acreditar que a clínica não funcionaria sem ela, ia trabalhar mesmo quando estava doente.

Conhecemos várias pessoas que se deixam chantagear emocionalmente por acreditarem no mito da indispensabilidade.

Jerônimo, por exemplo, é um dentista bem-sucedido que se queixava de sua assistente, dizendo que era geniosa, arrogante e muitas vezes grosseira. Fizemos a pergunta óbvia: "Por que não a demite?" Ele respondeu que ela era muito competente e que dificilmente encontraria uma substituta à altura. Por isso, estava resignado a suportar seu mau gênio. O interessante foi que a assistente recebeu uma oferta de trabalho com um salário maior e o deixou. O que aconteceu? Nada demais. Jerônimo logo a substituiu por uma pessoa educada, agradável e igualmente competente.

O trabalho de Júlio como administrador também era tido como indispensável por todos na empresa (e por ele próprio). Todo mundo estremecia quando ele falava. Até que um dia, após uma discussão com o presidente, Júlio pediu demissão. O que aconteceu? Nada. Apenas um certo inconveniente durante algum tempo, mas o novo gerente mostrou-se inclusive mais organizado e mais acessível no dia-a-dia.

O mito da indispensabilidade está enraizado no inconsciente coletivo. As pessoas gostam de acreditar que são essenciais, vitais, porém a verdade é que, na maioria das situações, todo mundo pode ser substituído. As coisas serão diferentes, logicamente, mas a vida irá continuar.

Atendemos muitos pacientes como Irene, que trabalhava pelo menos 70 horas por semana porque, sem ela, "a empresa iria pelo ralo". Esses funcionários dedicados geralmente sacrificam a própria saúde, a família, os amigos e o lazer em função do emprego, e não raro são os primeiros a serem demitidos quando é preciso cortar custos.

Nossa recomendação é:

- **Seja leal primeiro com você e com seus entes queridos.**

Não há nada mais ilusório do que alguém se achar imprescindível em termos profissionais. Se existe alguma situação em que somos vitais, é em relação àqueles que amamos. Para os membros da sua família, ninguém poderá substituir você.

- **Coloque a sua própria felicidade e a de quem você ama sempre em primeiro lugar.**

Tensão Pré-Menstrual

Isabela resolveu consultar o médico da família quando o marido reclamou que ela estava se transformando em "o médico e o monstro". "É a TPM", ela disse ao Dr. Mendes. "Estou sempre tão rabugenta antes da menstruação que nem eu me suporto." Após explicar a fisiologia por trás da TPM, o médico sugeriu que Isabela experimentasse usar uma medicação antidepressiva, que se revelou bastante eficaz.

Não faz muito tempo se pensava que fatores psicológicos eram responsáveis pelo mau-humor, irritabilidade e outros sintomas desagradáveis que comumente antecedem a menstruação. "Está tudo na cabeça", dizia-se.

Hoje em dia sabe-se que de fato tudo está na cabeça – pois a fisiologia do cérebro é em grande parte responsável pelo fato de 90% das mulheres relatarem mudanças de humor no período pré-menstrual. Segundo especialistas como a psiquiatra Sally Severino e a fisiologista Molly Moline, da Universidade de Cornell, tudo indica que o funcionamento hormonal desempenha um papel central na Tensão Pré-Menstrual (TPM).

Não são apenas os ovários que causam as dificuldades. A TPM atinge principalmente o cérebro, os seios, o útero, a glândula tireóide e o córtex adrenal. Neurotransmissores como a serotonina, a dopamina e a norepinefrina interagem com os hormônios pituitários e ovarianos, e o resultado final é a alteração de humor.

A ciência ainda não compreende completamente esse processo. Por que algumas mulheres desatam a comer enquanto outras ficam mal-humoradas e impacientes? Por que algumas são afetadas apenas durante uma semana por mês e outras se sentem péssimas por três semanas inteiras? Por que algumas ficam um pouco irritadas e outras entram em profunda depressão? E por que cerca de 10% das mulheres passam por todo o ciclo sem apresentar qualquer desconforto físico ou emocional? Ainda não há respostas.

Já foi comprovado que algumas mulheres apresentam baixos níveis de serotonina antes da menstruação. A conclusão é que a TPM é uma situação fisiológica que pode ser tratada por psicofarmacologistas e outros médicos.

Qualquer mulher cuja TPM envolva mudanças significativas de humor e/ou depressão deveria pensar na possibilidade de usar medicação antidepressiva. O lítio, substância indicada para outros distúrbios causadores de alterações de humor, como o transtorno bipolar, traz bons resultados no tratamento de certos tipos de TPM.

Nós recomendamos que você converse com o seu médico. Se você tem TPM, ele poderá lhe proporcionar o alívio dos sintomas.

Genética ou ambiente?

"Se você era muito levado quando criança, então seus filhos também serão", Wayne disse a Frank. "A personalidade e o comportamento são determinados pela genética, assim como ter olhos azuis ou castanhos." "Não acredito nisso", respondeu Frank. "Se você tratar uma criança com amor e respeito, isso influenciará o comportamento dela. Tudo depende do ambiente, não são os genes que fazem a diferença."

À medida que aumenta a consciência sobre a saúde mental ressurge a discussão sobre o que é determinado pela genética e o que é influenciado pelo ambiente. Será que dificuldades psicológicas como a ansiedade e a depressão são herdadas ou surgem em decorrência do ambiente e das condições na primeira infância, entre outras experiências significativas? A resposta a essa pergunta é, provavelmente, ambas.

- **Natureza e criação – genética e ambiente – são fatores intrinsecamente interligados.**

Os dois fatores desempenham um papel fundamental no desenvolvimento de perturbações psicológicas e físicas.

Veja o exemplo de Henrique e Hamiltom, gêmeos idênticos. Ambos herdaram problemas de estômago que os tornam mais suscetíveis a ácidos estomacais que a maioria das pessoas.

Henrique é professor de inglês, gosta do seu trabalho e tem hábitos saudáveis – ou seja, pratica exercícios regularmente, não consome alimentos gordurosos e evita o consumo de álcool. Hamiltom, que é controlador de tráfego aéreo, considera seu trabalho estressante. Além disso, tem uma dieta altamente calórica e pouco nutritiva, toma aspirina com freqüência e bebe muito.

Não é de admirar que o estressado Hamiltom tenha desenvolvido uma gastrite severa, enquanto o tranqüilo Henrique nunca tenha passado por problemas estomacais.

O mesmo raciocínio ajuda a explicar a depressão clínica. Assim como o estômago sensível de Hamiltom reagiu ao seu estilo de vida estressante, a predisposição genética de outra pessoa em relação a um determinado desequilíbrio neuroquímico no cérebro pode ser acionada por circunstâncias estressantes, resultando em sintomas de depressão.

Então qual é a resposta certa? Genética ou ambiente? Acreditamos que seja 100% dos dois fatores.

O vício da cafeína

Ricardo marcou hora com o Dr. Frederico porque estava muito nervoso e com insônia, o que acreditava estar sendo causado pelo estresse. Em vez de lhe receitar medicamentos, o médico recomendou que parasse de ingerir café e refrigerantes do tipo cola. Ricardo achou que se tratava de um diagnóstico simplista demais. Afinal, pensava ele, sintomas assim não poderiam ser causados apenas por excesso de cafeína. Mas ficou surpreso e satisfeito quando, após uma semana de dieta, o nervosismo e a insônia desapareceram.

Para a maior parte das pessoas, a palavra vício evoca imagens de pó branco, comprimidos, agulhas, crime e dependentes cambaleando em estado deplorável. No entanto, diariamente milhões de pessoas ingerem quantidades significativas de uma substância que causa alterações mentais e é potencialmente viciadora: a cafeína.

É isso mesmo. Levando-se em conta o consumo de café, chá, refrigerantes do tipo cola, chocolate quente e medicamentos vendidos sem receita médica para dor, gripe e emagrecimento, parece que confiamos seriamente na cafeína como energizante.

A cafeína é mesmo uma droga poderosa. Não a vemos desse jeito porque não a associamos a sérias conseqüências físicas. Pesquisas recentes, no entanto, começaram a relacionar a substância a problemas de saúde importantes como colesterol elevado e um aumento do risco de aborto. Alguns médicos já recomendam aos pacientes que sofrem de hipertensão, palpitações e arritmias cardíacas que evitem a cafeína.

Além disso, o consumo excessivo de cafeína tem sido associado a ansiedade, insônia e crises de pânico. E há indícios de que mesmo quantidades moderadas, como duas xícaras e meia de café ou quatro copos de refrigerante tipo cola por dia, geram o vício, inclusive com sintomas de abstinência quando são cortadas da dieta abruptamente.

Nem todos os especialistas concordam que a ingestão de quantidades moderadas de cafeína represente um risco significativo para a saúde nem que leve ao vício. E nós certamente não queremos ser alarmistas, mas a verdade é que já encontramos pessoas que se queixavam de ansiedade e relataram a diminuição dessa sensação desagradável ao reduzirem a ingestão de cafeína.

Por isso, se você sente ansiedade, insônia, inquietação ou irritabilidade e acha que a cafeína o ajuda a chegar ao fim do dia, talvez seja uma boa idéia:

- **Reavaliar o seu consumo de cafeína.**
- **Pensar em se desintoxicar ("descafeinar").**

Transtorno do Déficit de Atenção e Hiperatividade

Para Carlos, concluir o ensino secundário foi uma luta. Apesar de saber que era inteligente, não conseguia se concentrar e acabava indo mal nas provas. Enfrentar o "mundo real", trabalhando em um emprego, parecia uma tarefa impossível.

Ocasionalmente todos nós sentimos dificuldade para manter a concentração. Quem não tem seus momentos de distração, esquecimento e desorganização, e não tem dificuldade para terminar uma tarefa? Quem, de vez em quando, não fica agitado, irrequieto, superfalante, impaciente e impulsivo? Todo mundo, é claro.

Todos esses problemas fazem parte da vida e só nos casos mais intensos e graves é que eles podem se tornar incapacitantes.

- **Pessoas seriamente afetadas por problemas aparentemente normais, como falta de concentração, inquietação e impulsividade, podem ser vítimas de uma doença conhecida como Transtorno de Déficit de Atenção e Hiperatividade (TDAH).**

Essa doença atinge tanto crianças quanto adultos. Até o momento foram identificados três tipos de TDAH: o *tipo desatento*, o *tipo hiperativo-impulsivo* e o *tipo combinado*, em que tanto a desatenção quanto a hiperatividade e a impulsividade fazem parte do quadro.

Apenas recentemente o TDAH foi reconhecido como um problema de fundo biológico. No passado, crianças hiperativas eram rotuladas como "ruins" e "más influências" por causa dos problemas de comportamento relacionados com a doença. O mesmo se dava com as desatentas, que eram consideradas "aéreas" e, por isso, muitas vezes ignoradas, o que afetava negativamente sua formação.

Atualmente, tratamentos eficazes estão disponíveis para aqueles que recebem o diagnóstico adequado.

- **Na maioria dos casos, a terapia para TDAH combina medicação com terapia comportamental.**

A medicação permite que a pessoa, talvez pela primeira vez na vida, consiga usar seu potencial plenamente, enquanto a terapia busca ajudá-la a adquirir habilidades sociais e comportamentais que, sem o remédio, não teria como alcançar.

Profissionais com a formação adequada podem fazer muita diferença para quem sofre de TDAH.

Hipnose

Martha lutava contra a compulsão por comida havia anos,
porém quando contou à mãe que ia tentar a hipnose
ela ficou horrorizada. "Como você pode pensar
em fazer uma coisa dessas!", gritou. "Achei que tinha criado
você para ser mais ajuizada e não fazer algo tão perigoso.
Quem sabe o que pode acontecer quando a hipnotizarem?
E ainda por cima vai jogar dinheiro fora, essas coisas nunca funcionam."

A hipnose talvez seja um dos métodos de tratamento psicológico mais incompreendidos e controvertidos. Os mitos e mal-entendidos que a cercam originam-se das idéias que as pessoas formam a partir de apresentações de mágicos e artistas variados. A realidade é que esse tipo de show tem tanto em comum com a hipnose clínica quanto os filmes de Hollywood com a vida real.

Ao contrário da crença popular, a hipnose é um fenômeno psicológico cujo uso é válido na prática profissional.

- **A hipnose é um estado de atenção e concentração altamente direcionado, geralmente relacionado ao relaxamento e a uma maior sugestionabilidade.**
- **Pessoas em estado de hipnose não fazem nada que normalmente considerem moralmente condenável.**

Nem todo mundo é suscetível à hipnose. Para ser hipnotizado com sucesso, é preciso que você queira alcançar o estado de passividade semelhante ao sono, no qual fica muito suscetível à sugestão do hipnotizador.

Mesmo quem está disposto a se deixar sugestionar pode não se beneficiar se interromper o tratamento antes do tempo. Para que os resultados sejam duradouros, é preciso que a pessoa se submeta a uma série de procedimentos hipnóticos para reforçar as sugestões que lhe tenham sido feitas.

Muitos não aceitam nem reagem a uma sugestão direta.

- **Com a ajuda da hipnose, as sugestões penetram na mente – talvez pela porta dos fundos da consciência –, onde se enraizam e germinam, gerando importantes mudanças comportamentais e psicológicas.**

A técnica é indicada para quem deseja livrar-se de hábitos indesejados, curar a insônia, recordar experiências apagadas da memória e também como anestésico contra a dor.

Experimente se auto-hipnotizar. A maioria das pessoas que alcançam um estado alterado de consciência potencializa o efeito das afirmações positivas. O primeiro passo é sentar ou deitar; o importante é sentir-se confortável. Em seguida, feche os olhos e respire fundo lentamente. Repita essa seqüência algumas vezes. Diga coisas otimistas para você mesmo e visualize acontecimentos agradáveis. Mesmo sessões rápidas, de cinco minutos, podem se mostrar úteis para algumas pessoas.

Profecias auto-realizáveis e círculos viciosos

Miguel estava apavorado por ter de apresentar um relatório de vendas ao departamento. Embora as notícias fossem boas, apenas lucros e alta produtividade, estava convencido de que ia fazer papel de bobo ao apresentá-lo. Miguel ficou tão nervoso no dia que alegou estar doente e foi para casa. "Aí está a prova. Eu sou mesmo um fracasso", pensou.

Profecia auto-realizável é quando alguém faz uma previsão e age de tal maneira que faz com que o que foi dito se concretize.

Normalmente, a profecia auto-realizável tem uma conotação negativa. Pode estar relacionada a algum fracasso ou decepção, ou ainda a reações emocionais desagradáveis, como ansiedade, raiva e depressão. Quando esses acontecimentos desagradáveis se intensificam, eles se tornam cíclicos – são os chamados círculos viciosos.

Na maior parte das vezes, esses ciclos negativos começam com maneiras de pensar, idéias e expectativas irracionais sobre a própria pessoa, sobre os outros ou sobre o mundo. Esses conceitos negativos geralmente são produto da criação familiar e de experiências anteriores, e são ativados por pessoas e acontecimentos relevantes.

Por exemplo, se alguém cresce ouvindo dos pais que é "burro", "incapaz", "ruim" ou "inútil", após algum tempo essa doutrinação irá prevalecer e a pessoa passará a acreditar nessas idéias depreciativas e falsas.

Uma vez instalados, esses *conceitos* fazem surgir uma série de *pensamentos* e *expectativas* igualmente cruéis e irracionais que assumem a forma de uma fala interior negativa e de imagens mentais desagradáveis. Resumindo: se você acreditar que não presta para nada, provavelmente passará a pensar coisas ruins a seu respeito.

Esses *pensamentos* negativos criam uma profusão de *estados emocionais* envolvendo sentimentos como raiva, depressão, ansiedade, culpa e vergonha. Nessas ocasiões fica difícil fazer as coisas de maneira positiva. E isso alimenta o círculo vicioso ao reforçar os conceitos negativos básicos que estão no início de tudo.

Se você *se comportar* negativamente, resultados indesejáveis surgirão: isolamento social, desonestidade, agressão, baixo desempenho, problemas interpessoais, fracasso, divórcio e até o uso de álcool e drogas.

Para interromper o círculo vicioso de profecias negativas auto-realizáveis, é preciso mudar seu modo de pensar. A solução está no *pensamento corretivo* e na *ação corretiva*.

- **O pensamento corretivo visa revelar os conceitos irracionais básicos e substituir a fala interior negativa e as imagens mentais perturbadoras por pensamentos e expectativas mais de acordo com a realidade.**
- **A ação corretiva estimula as pessoas a vencerem os desafios enfrentando os problemas, em vez de evitá-los ou negá-los.**

Mais sobre profecias auto-realizáveis

Alex decidiu consultar um terapeuta por se sentir ansioso. Infelizmente, o terapeuta lhe disse que seus pequenos problemas eram "profundamente enraizados" e iriam se tornar cada vez piores sem um tratamento intensivo. Alex voltou para casa sentindo-se extremamente deprimido e ansioso. "Acho que estou muito mal. Não imaginava que fosse tão grave", disse à esposa.

Todos sabemos que temos a capacidade de nos infligir sensações negativas. Se a pessoa diz: "Vou me sentir péssimo nessa festa", provavelmente sua previsão se concretizará. Ela vai agir de forma tão estranha que afastará todo mundo e, com isso, vai conseguir se sentir deslocado e terá mesmo uma experiência péssima na festa.

É a mesma coisa com Danilo. "Sei que a Kim não vai gostar de mim", diz ele. Ao encontrar Kim, ele age de maneira horrível e assim prova que tinha razão.

Mas existe um tipo diferente de profecia auto-realizável. É a chamada profecia "iatrogênica" e significa que é causada por um erro da conduta médica.

É o que acontece quando um psicólogo diz a uma pessoa que, por ela vir de uma família desestruturada, ou por ter pais alcoólatras, ou por ter sofrido algum tipo de abuso sexual, é natural e esperado que tenha cicatrizes emocionais e seja psicologicamente vulnerável e desequilibrada.

Conhecemos muitas pessoas com dificuldades psicológicas superficiais ou passageiras que precisavam apenas de algum conforto, conselhos, talvez um pouco de treinamento em habilidades sociais ou um curso de relaxamento, e, em vez disso, consultaram terapeutas, ficando ainda mais confusas, vulneráveis e desesperadas.

A parte mais lamentável das profecias auto-realizáveis é que elas instalam um "ciclo mental" que mantém as atitudes desalentadoras e pessimistas se repetindo continuamente.

Pesquisas recentes revelaram uma realidade bem mais otimista.

- **Com o tratamento correto, mesmo aqueles com passados traumáticos podem superar as experiências infelizes.**

Portanto, cuidado com rótulos. Todo mundo tem a capacidade de superar grande parte de seus problemas psicológicos.

- **Se você aprender a lidar com as dificuldades hoje, se sairá melhor amanhã, não importando o quanto estava chateado ontem.**

Transtornos de personalidade

Úrsula fazia análise havia muitos anos para resolver seus problemas de temperamento e de relacionamento, mas a terapia não tinha sido produtiva. Ela acabou consultando um outro psicólogo, que lhe deu o diagnóstico de transtorno da personalidade limítrofe. "Seu problema é tratável, mas vai ser preciso um grande esforço de sua parte e, possivelmente, também medicação", disse o médico. Aliviada, Úrsula respondeu: "Estou tão feliz por saber que não era culpa minha o fato de não ter melhorado antes."

Grande parte dos problemas que levam alguém a procurar um psicoterapeuta são tratáveis e possuem altas taxas de sucesso. Isso inclui *transtornos de humor* (depressão) e de *ansiedade* (fobias, crises de pânico e transtornos obsessivo-compulsivos e problemas causados pelo estresse); *distúrbios alimentares* (anorexia e bulimia nervosa); *problemas sexuais* e até *doenças psicóticas* (esquizofrenia).

Por mais que sejam distintos uns dos outros, esses diagnósticos possuem um importante traço em comum: na maioria dos casos são problemas tratáveis que respondem bem às terapias existentes.

Já as outras duas categorias de diagnóstico, o *retardo mental* e os *transtornos de personalidade*, não apresentam um prognóstico tão favorável. Tais problemas parecem estar firmemente enraizados na fisiologia e no funcionamento do cérebro ou na personalidade da pessoa.

A ciência ainda tem pouco a oferecer a essas pessoas em termos de tratamentos eficazes. Embora seja verdade que alguns casos de retardo mental podem estudar e até aprender a cuidar de si mesmos, no geral pouco pode ser feito para reduzir significativamente o profundo déficit intelectual dessas pessoas.

De forma semelhante, quem tem um transtorno de personalidade possui um profundo déficit de caráter que nenhuma terapia pode reduzir adequadamente. Mas certas pessoas que sofrem desse transtorno conseguem lidar com a situação e cuidar delas mesmas.

Nesses casos, a terapia tradicional terá poucas chances de diminuir as dificuldades de cada um, ao passo que abordagens voltadas para o aprendizado de habilidades podem ajudar. A característica-chave do transtorno de personalidade é um padrão de comportamento inflexível e difuso, mas duradouro, estável e contínuo, que se desvia da norma cultural e conduz a uma significativa angústia ou a uma incapacidade social e ocupacional.

Atualmente, os profissionais de saúde mental reconhecem 10 diferentes transtornos da personalidade: paranóico, esquizóide, esquizotímico, anti-social, limítrofe, histérico, narcisista, ansioso, dependente e obsessivo-compulsivo (não confundir com o transtorno obsessivo-compulsivo).

No transtorno de personalidade *paranóico,* o padrão é a desconfiança e a suspeita; no *esquizóide,* o distanciamento social e a dificuldade de expressar emoções; no *esquizotímico*, o pensamento distorcido, o comportamento egocêntrico e a capacidade reduzida para manter relacionamentos próximos; no *anti-social* há o padrão de descaso e violação dos direitos dos demais; o *limítrofe* é caracterizado pela instabilidade nas relações, na auto-imagem, no humor e na impulsividade dramática.

O transtorno *histérico* é caracterizado pela emotividade excessiva e a busca de atenção; o *narcisista,* pela grandiosidade, a necessidade de admiração e a falta de empatia; o *ansioso,* pela inibição social, inadequação e hipersensibilidade às críticas; o *dependente,* pela carência, submissão, falta de autonomia e medo da solidão; e o *obsessivo-compulsivo,* pelo perfeccionismo e controle excessivo em prejuízo de flexibilidade, abertura e eficiência (lembre-se que esse tipo de transtorno não é o TOC).

O sistema de categorização parece confuso à primeira vista, mas é de grande auxílio para os profissionais de saúde mental compreenderem as complexidades dos processos mentais humanos.

A importância do ajuste individual

Cristina estava com ótima aparência e claramente empolgada com o resultado de seu programa de controle de peso e administração do estresse. Então Nádia resolveu experimentar também. "Não entendo", disse desolada. "Tenho seguido o mesmo programa e não estou chegando a lugar nenhum. O que há de errado comigo?"

Todos os cursos introdutórios de psicologia ensinam que cada pessoa é única. Conseqüentemente, todas as generalizações, pesquisas e estatísticas não têm aplicação pessoal.

Um bom exemplo é a tabela que indica o peso ideal da população de acordo com a altura e a estrutura óssea das pessoas. Essas listas geralmente dividem as pessoas em pequenas, médias e grandes, porém, seria necessário acrescentar várias subdivisões, pois existem várias nuances em cada uma das categorias. O resultado é que o peso recomendado na tabela pode ser alto ou baixo demais para certas pessoas.

A tabela que se propõe a avaliar os graus de estresse é outra generalização que não funciona. "Falecimento do cônjuge" encabeça a lista de situações mais estressantes. O que está subentendido é que todos os casamentos são iguais, que todo mundo ama o cônjuge da mesma maneira e que ficará igualmente arrasado com a partida do companheiro. Infelizmente, é provável que existam casais para os quais um acontecimento como esse seria motivo de alívio e não de extremo estresse.

E quanto aos livros de dieta que oferecem sugestões de cardápios? Depois de estudar uma determinada sugestão, uma amiga nossa observou que engordaria se seguisse à risca o número de refeições indicadas, em vez de emagrecer um quilo por semana. Ela estava certa. Seu metabolismo pedia menos calorias do que a maioria das pessoas necessita. Ao seguir a dieta ela engordou.

O mesmo acontece no campo da saúde mental. Muitos terapeutas adotam um tratamento-padrão para todos os pacientes. O problema é que uma técnica que se mostrou eficiente para uma pessoa pode ser destrutiva para outra.

- **Um terapeuta competente atende às necessidades específicas do paciente, em vez de tentar encaixá-lo em seus métodos favoritos.**
- **Certique-se de que suas necessidades individuais sejam levadas em conta, inclusive os alimentos que você consome, a medicação que usa, a quantidade de sono e de repouso de que precisa, o tipo e a quantidade de exercícios que mais se adequam a você, e assim por diante.**
- **Se algo parece estar em desacordo com você, procure um especialista e requisite um tratamento personalizado.**

Não parta do princípio de que uma medicação, uma linha de ação ou um tratamento em particular serão bons para você só porque todo mundo que você conhece pensa dessa maneira.

- **Lembre-se do velho ditado: "Cada caso é um caso."**

Não existe abordagem única para o alcoolismo

Após anos de negação, Berenice finalmente admitiu para ela mesma que tinha problemas com a bebida. Seguindo o conselho do terapeuta, começou a freqüentar as reuniões dos Alcoólicos Anônimos (AA), porém logo desanimou ante a ênfase religiosa do método do grupo. Ela desejava apoio para ajudá-la a vencer o vício, mas não se encaixava na proposta do AA.

No vasto panorama dos problemas psicológicos e de saúde mental, poucas dificuldades são tão divulgadas quanto a dependência e o consumo excessivo de álcool. Diversos problemas sociais – como fatalidades no trânsito, brigas em casa, faltas ao trabalho, homicídios, suicídios, crimes e doenças, para citar apenas alguns – estão ligados ao consumo desmedido do álcool.

O custo para a sociedade é elevadíssimo, mas, ainda assim, apesar de seu impacto generalizado e nocivo, o sistema de saúde enfrenta um sério desafio quando se trata de apresentar tratamentos eficazes para a dependência de álcool.

O método mais conhecido são as reuniões dos Alcoólicos Anônimos (AA). No entanto, ele não serve para todas as pessoas. Uma pesquisa constatou que mais da metade daqueles que começaram o tratamento no AA rapidamente o deixaram, tiveram recaídas ou procuraram outros tratamentos. Portanto, a impressionante taxa de sucesso do AA diz respeito a menos da metade de participantes.

As limitações mais comentadas são a abordagem espiritualizada e o "modelo único para todos", que enfatiza a renúncia ao controle, ao poder de escolha e à responsabilidade em prol de um "poder superior". Além disso, a rigorosa adesão ao programa de 12 passos opera maravilhas em alguns, mas muitas pessoas que lutam contra o abuso e a dependência de álcool precisam de algo mais flexível e individualizado.

Além disso:

- **É importante combater também as ansiedades, depressões, culpas, raivas e outras emoções negativas que normalmente contribuem para os problemas com a bebida.**

Infelizmente, o AA não faz isso, já que sua missão é fazer as pessoas pararem de beber "um dia de cada vez", proporcionando um ambiente de apoio para que se atinja essa meta e não a terapia de que muitos dependentes da bebida necessitam para que obtenham sucesso a longo prazo.

Muitos pacientes freqüentam as reuniões do AA paralelamente à terapia e os resultados são ótimos. De fato, o apoio social, o estímulo e a camaradagem que eles oferecem são muitas vezes componentes essenciais para a recuperação.

- **Acreditamos que o processo de grupos de apoio é parte importante na recuperação de muitas pessoas, mas depende de cada indivíduo descobrir o que se aplica melhor a ele.**
- **Fortalecimento pessoal, escolha e responsabilidade são aspectos importantes da recuperação.**
- **Não existe uma abordagem única que se aplique a todos.**

Leituras sugeridas

Além do que sugerimos ao longo do livro, preparamos uma lista com outras indicações.

Para ter uma visão geral de toda a área dos distúrbios psicológicos, recomendamos *Psicologia do comportamento especial*, de G. C. Davidson e J. M. Neale.

Os dois melhores livros sobre terapia do comportamento racional-emotivo são *Reason and Emotion in Psychoterapy* (A razão e a emoção na psicoterapia), de A. Ellis, e *Brief Rational-Emotive Behavior Therapy* (Terapia comportamental racional-emotiva), de W. Dryden.

Recomendamos o perspicaz e acadêmico porém popular *O que você pode e o que não pode mudar*, de M. E. P. Seligman.

Um dos melhores livros de auto-ajuda para superar maus hábitos é *Changing for Good* (Mudando para melhor), de J. O. Prochaska, J. C. Norcross e C. C. DiClemente.

Nosso livro preferido sobre o tema da compreensão e superação da depressão é *How to Heal Depression* (Como curar a depressão), de H. H. Bloomfield e P. McWilliams.

PQR: Prescription for a Quality Relationship (Recomendações para um relacionamento de qualidade), de A. Fay, é feito sob medida para todos os que desejam melhorar o casamento e as relações interpessoais em geral.

The New Male Sexuality (A nova sexualidade masculina), de B. Zilbergeld, é o melhor compêndio sobre a sexualidade masculina escrito até hoje.

Sem qualquer modéstia, também vemos valor em nossos livros *Don't Believe It for a Minute!* (Não acredite nisso nem por um instante), de A. A. Lazarus, C. N. Lazarus e A. Fay, e *Marital Myths* (Os mitos do casamento), de A. A. Lazarus.

Por último, o livro *I Can if I Want to* (Eu posso se eu quiser), de A. Lazarus e A. Fay.

Conheça os 30 clássicos da Sextante

O monge e o executivo, de James C. Hunter

Você é insubstituível, *Dez leis para ser feliz*, *Pais brilhantes, professores fascinantes* e *Nunca desista de seus sonhos*, de Augusto Cury

O Código Da Vinci e *Anjos e Demônios*, de Dan Brown

Jesus, o maior psicólogo que já existiu, de Mark W. Baker

Por que os homens fazem sexo e as mulheres fazem amor?, de Allan e Barbara Pease

O que toda mulher inteligente deve saber, de Steven Carter e Julia Sokol

Muitas vidas, muitos mestres, de Brian Weiss

Enquanto o amor não vem, de Iyanla Vanzant

Não leve a vida tão a sério, de Hugh Prather

A última grande lição e *As cinco pessoas que você encontra no céu*, de Mitch Albom

Um dia "daqueles" e *Querida mamãe, obrigado por tudo*, de Bradley Trevor Greive

Palavras de sabedoria, de Sua Santidade, o Dalai-Lama

A vida é bela, de Dominique Glocheux

1.000 lugares para conhecer antes de morrer, de Patrícia Schultz

Transformando suor em ouro, de Bernardinho

Os segredos da mente milionária, de T. Harv Eker

Mantenha o seu cérebro vivo, de Lawrence Katz e Manning Rubin

O Poder do Agora, de Eckhart Tolle

O poder da paciência, de M. J. Ryan

Aprendendo a gostar de si mesmo, de Louise Hay

A arte da meditação, de Daniel Goleman

A Boa Sorte, de Álex Rovira Celma e Fernando Trias de Bes

O ócio criativo, de Domenico De Masi

A dieta do abdômen, de David Zinczencko e Ted Spiker

Informações sobre os próximos lançamentos

Para receber informações sobre os lançamentos da Editora Sextante, basta cadastrar-se diretamente no site www.sextante.com.br

Para saber mais sobre nossos títulos e autores, e enviar seus comentários sobre este livro, visite o nosso site www.sextante.com.br ou mande um e-mail para atendimento@esextante.com.br

Editora Sextante
Rua Voluntários da Pátria, 45 / 1.404 – Botafogo
Rio de Janeiro – RJ – 22270-000 – Brasil
Telefone (21) 2286-9944 – Fax (21) 2286-9244
E-mail: atendimento@esextante.com.br